TURING
图灵教育

站在巨人的肩上
Standing on the Shoulders of Giants

如何
在迷茫时做出
最优选择

董佳韵——著

跨界成长

人民邮电出版社

北京

图书在版编目（CIP）数据

跨界成长：如何在迷茫时做出最优选择 / 董佳韵著
. -- 北京：人民邮电出版社，2023.4
ISBN 978-7-115-61305-9

Ⅰ. ①跨… Ⅱ. ①董… Ⅲ. ①职业选择－通俗读物
Ⅳ. ①C913.2-49

中国国家版本馆CIP数据核字(2023)第041657号

内 容 提 要

这是一本生存之书。

VUCA时代，动荡成为常态，很多人都面临着诸多挑战，每一天都像战斗一样。到底有没有一种方案，可以让我们从容不迫，优雅且丰盛？

本书给出的方案是跨界成长。在这本书里，你将跟随作者温暖而细腻的笔触，看她条分缕析、娓娓道来，把跨界的必要性、阶段与策略、方法与工具以及心理建设讲给你听。书中很多有趣的模型会让你跃跃欲试，如果你真的想用它们改变现状，请准备好笔记本和一颗随时行动的心。

为了让这个方案更可感，作者从其在10年500强企业品牌管理、6年咨询，以及LADYDONG全球视野女性平台的100多场活动中所积累的阅历中精心选取了多个真实案例，你将从这些故事中看到自己的影子，也将从作者的讲述中获得前行的勇气与成长的方法。

◆ 著　　　　董佳韵
　　责任编辑　王振杰
　　责任印制　胡　南
◆ 人民邮电出版社出版发行　　北京市丰台区成寿寺路11号
　　邮编　100164　电子邮件　315@ptpress.com.cn
　　网址　https://www.ptpress.com.cn
　　三河市中晟雅豪印务有限公司印刷
◆ 开本：880×1230　1/32
　　印张：8.875　　　　　　　2023年4月第1版
　　字数：222千字　　　　　　2023年4月河北第1次印刷

定价：69.80元
读者服务热线：(010)84084456-6009　印装质量热线：(010)81055316
反盗版热线：(010)81055315
广告经营许可证：京东市监广登字 20170147 号

送你一个锦囊，帮你安稳度过人生"断崖期"

嗨，你好，很高兴以文字的方式认识你。

不知道你现在年龄几何，正在经历或渴望着怎样的转折，当你翻开这本书，我相信你一定会开启一个不一样的人生跑道——可以慢慢走，也可以快速跑，可以开车，也可以乘地铁……无所谓，用你自己喜欢的方式和速度就好。

在人生的跑道上，你不一定要拼了命地向前跑。相反，你可以有你的速度和前行的方式。

对了，我必须澄清一下，这不是"一碗鸡汤"，而是在经历过生死、跨越过低谷、看到过许多生命的喜怒哀乐之后，最想要分享给你的一句话。

只可惜，许多人如同踏上了自动跑步机一般，无休止地追逐——起初追逐的是梦想，后来是金钱、权力、名声和地位，再后来变成了不知道是为了什么。直到在人生的某个时刻，也许是三十岁、四十岁，也许是五十岁、六十岁，突然遇到了一件事，忽而开始思考：这辈子，我这么努力地跑，到底是为了什么？

在我的学员中，有 20 多岁的大学生、硕士和博士，有 30 多岁的学校老师，也有 60 多岁的退休人员；有年入七八位数的创业者，也有一手带大 3 个孩子的全职妈妈；有职场的高管，也有各行业的自由职业者。

他们的故事，让我清晰地认识到一件事：

以自己希望的方式活着，就是成功，就是幸福。

金钱并非生命的全部，也未必能带来幸福。去做你想做的事，过你想过的生活。去活出一个跨界的人生，而非被欲望麻痹、束缚。

台湾作家周志建老师在他的书里提到过这样一个概念：人生的折返点。

一个老农夫一直抱怨上天对他不够眷顾，让他如此穷苦。上天听到了，对老农夫说："你只要现在从这里跑出去，再绕个圈回来，你所跑的圆圈范围内的土地，就都是你的。但切记，一定要在太阳下山前赶回来，不然就不算数。"

老农夫很开心，迫不及待地向前跑。中午时，他觉得该返回了，但又一想，再多坚持一下，就可以把儿子和孙子那份也跑回来了。他一直坚持跑，拼命跑，直到一抬头看到夕阳，才恍然发觉要来不及了，于是他又拼了命地往回跑，可为时已晚，一切都无法作数了。

这和我们的人生太像了。

在我的"解忧时间"①的来访者中，

- 有人忙于拼搏，丢了爱。他们有很好的事业，挣了很多的钱，却在电话的另一端哭着对我说，她和家人之间越来越陌生；
- 有人为了摆脱家人的束缚，或者为了挣脱儿时以来家人对自己的一贯否定形成的精神枷锁，拼了命地证明自己，坚强得令人心疼；
- 有人为了家庭放弃了蒸蒸日上的事业，多年后想重回职场，却满心的胆怯和不知所措；
- 有人正在经历生育或者育儿阶段，不得不面对断崖式生涯困境，重新寻找出路；
- 有人看（听）到别人在某个事业上的光鲜和成就，毅然决然投身进去，一番折腾后却遍体鳞伤；
- 有人沉浸在熟悉的工作和环境中怡然自得，直到突如其来的变动让自己被动到无所适从；
- 有人厌倦了亲戚朋友一致赞赏的稳定但一成不变的生活，想挣脱，却又不知何去何从，最后如温水里的青蛙，无力逃脱；

……

不知道这里面是否有你的影子？事实上，他们都遇到了人生的折返点，也都遇到了人生的一个重大课题：

这么拼命地向前跑，到底追逐的是什么？令自己深深陷入纠结、

---

① "解忧时间"是作者持续多年的咨询项目，帮助国内外的来访者解决人生烦恼和困扰，也时常提供公益咨询名额。如果你有困扰，可以在视频号"作家董佳韵"的后台倾诉你的心事。

迷茫之困境中的，究竟是什么？自己想要的生活，到底是怎样的？如今的自己，得到了吗？

我们现在生活在一个VUCA①时代，黑天鹅事件②和灰犀牛事件③层出不穷，很多人陷入了焦虑、迷茫和无助。即便是身为心理咨询师的我，也无法幸免。2021年12月，短短的2周，我经历了3次破碎和重生。

我曾经非常苦恼，明明活在同一个世界，经历着同样的社会变化，为什么别人可以如此优秀，我却做不到？我究竟差在了哪里？有时候看到别人的辉煌成绩，我心里也会波澜起伏。

糟了，我陷入了成长焦虑！

你有过这样的时刻吗？明明是想要让自己全面成长，却不小心让自己陷入了沉浸式焦虑。

停！

成长不该是焦虑和到处向外抓取，应当是稳稳的踏实感和满足感——我指的是你的内心感受。

意识到这一点后，我开始思考：我想要的究竟是什么？那些方法适合我吗？那些成绩背后的生活方式是我想要的吗？

我听见了一个声音：

不。

我知道，我的折返点也到了。是时候"返程"，停下追逐的脚步，去完成自己想要的人生。

---

① VUCA取自Volatility、Uncertainty、Complexity和Ambiguity的首字母，代表不稳定、不确定、复杂和模糊。近年来，我们所面临的经济和社会环境越来越复杂、模糊不清、难于预测且变化不断。

② 黑天鹅事件指难以预测，但一旦发生就会引发连锁反应、带来巨大负面影响的小概率事件。

③ 灰犀牛事件指太过于常见以至于人们习以为常的风险事件，比如大概率会发生却屡屡被人忽视，但有时候可能酿成大危机的事件。灰犀牛体型笨重、反应迟缓，你能看见它在远处，却经常毫不在意，一旦它向你狂奔而来，你猝不及防，直接被扑倒在地。它虽然并不神秘，却更危险。

你知道吗？想到这里，我突然间汗毛竖立！因为我再次意识到一件事：

成长中来自外界的"声音"真的会一层层地叠加，变成一面翻不过去的墙，死死地把你困住，让你只能声嘶力竭地呼救。而呼救得越狠、挣扎得越厉害，你被淹没得越快——对，就像陷入了沼泽地。这些"声音"可能是每天无休止的群信息、为你好的建议、别人的成就展示，也可能是无心的批评、随口的评判。

慢慢地，这面墙就成了你为自己画下的牢笼，你只能抬头仰望，低头自卑，心有不甘，脚下无力。终于，这面墙成了你前行路上的又一条"界"。

醒醒！

无论如何，你都还有最后一条路——把被动的困局，转变为主动的出击。找到这面"声音之墙"的弱点，你就能出去。

这面墙的组成成分是声音和信息，而这些显然都不是"你"——这就是看似强大的这面墙的弱点。你只需要掌握你自己人生的遥控器，听从自己的内心，就可以继续书写自己的人生剧本。在你的人生剧本中，你说了算。

一旦想到这里，那面墙便会瞬间崩塌，化成一个个气泡从身边飘过。我们依然能清晰地听到那些声音，但是它们再也不会成为阻碍我们的"边界"。

这就是在你使用本书的所有方法之前，我想要送给你的第一个锦囊：

不要让成长路上的声音，成为你成长的边界。你的人生遥控器永远在你手中。

那么，遇到成长困境和卡点，该怎么办呢？

我们先来看一份令人毛骨悚然的数据。

2017 年 12 月，麦肯锡发布了一份长达 160 页、名为"失业与就业：自动化时代的劳动力转移"的研究报告，报告中说：

- 全球最高达 50% 的工作是可以被机器人取代的；
- 有 60% 的工作岗位，其 30% 的工作量可以由机器代劳；
- 到 2030 年，全球将有 4 亿到 8 亿人的工作会因人工智能而发生变动。

如今，消费者行为和业务模式正在发生 3 大转变：远程工作增加、电商和线上互动接受度提升、自动化和人工智能技术部署加速。

在 VUCA 时代，有的人被迫下岗，有的人在夹缝中生存，有的人逆风飞扬。难道我们只能更加玩命地奔跑吗？有没有既可以适应变化又可以保守本心、幸福自在的人生选择？

有！

答案是：活出一个跨界的人生。

一天夜里，一位妈妈给我打电话，希望我能帮助她 24 岁的女儿。她的女儿从事的正是父母期望的那种非常安逸、稳定的工作，工作内容非常简单。由于工作性质特殊，她在工作时间不能带任何个人物品，包括手机和书，所以忙完工作，只能听身边的老员工聊家长里短。

放假回家时，她把行李一把扔地上，对她妈妈说："我简直是浪费了我两年的青春！"

我认识一个和她同龄的女孩，之前也是拿着一个月两三千的稳定工资，但前几天听到了她报喜："我这个月，竟然收入了 18 万！日常每个月的收入也在 2 万上下。"用她的原话说是："我从没想过，现在

1 个月的时间，我就能挣到过去大半年的工资。"

同样的年龄，相似的工作性质和工资收入，相似的心境，两个人却是不同的结果。

后面这个女孩，她只是走出了原本看似舒适的环境和圈层，重新拾起自己的播音专业和优势，做出了自己的课程体系，用自己的价值帮助了更多人。最终，自己收获了更多的财富。

走出去，看看更多的可能性，这就是迷茫和困惑最直接的解药。

对了，有一个好消息，前面的那位女孩已经开始利用业余时间去参加各种学习和社交活动了。上个月，她告诉我说，最近认识了很多新朋友，她没想到有这么多有意思的学习和圈子，她发现想学的太多了，生活也终于开始有了颜色。

相反，这世上还有许多人和她们情况不同。许多人陷入了拼命奔跑、追逐收入、追逐名誉、追逐影响力的无限循环中。金钱、鲜花、掌声，让他们只能看得到聚光灯下人人追捧的东西，却忘记了聚光灯外那 90% 的时间和空间也是生活。

人生之路其实不是一条圆形跑道，人生也不是一场一直奔跑下去就能拿到"幸福奖杯"的比赛。人生就像是一个球体，在这个球体中，不仅有工作、金钱、声誉、权力和地位，还有伴侣、孩子、父母、朋友、老师和路人，更有梦想、生活、自我、幸福和喜怒哀乐等。

我们从来都不是一个单一元素的"功能人"，而是一个真真实实、生气勃勃的真人。

我想强调的一点是，跨界的人生，并不是说要你放下某一项工作，转身投入另一个行业，而是让你游刃有余地穿梭在你人生的多种角色之间，用更多角度的思考方式去面对你的不同生活场景，给自己更多样化的可能性。

很遗憾的是，许多人终其一生，都在自顾自地追逐着一两个元素（如金钱、地位等），扮演着同一个角色（例如，在家人孩子面前依然做发号施令的老板，或者一心扑在工作上，对伴侣、老人和孩子不管不顾），或者是扮演着错乱的角色（例如，有的人在外人面前唯唯诺诺，在家人面前颐指气使）。

如果我们能"看见"我们生命中真实包含着的更多角色和元素，"看见"不同场景下的我们的角色，"看见"更多的爱和可能性，我们对很多事情的包容度就会变得越来越高，原本那些令我们不开心的争吵、焦虑、失去、迷茫、自卑、怀疑、否定、无助等，就会幻化出另一种样子。这些可能只是在提示我们："是时候看见自己了。"

- 争吵——是不是哪里出了问题？我是不是忽视了什么？
- 焦虑——我在担心害怕什么？此刻我能做些什么？
- 失去——真正的原因是什么？是我的问题吗？我懂得了什么？
- 迷茫——是什么让我陷入此刻的状态？我到底想要的是什么？
- 自卑——让我自卑的那个心里的声音是什么？我真的没有值得称赞的地方吗？
- 怀疑——我在乎的是什么？是什么让我感到不安？
- 否定——对方有权力否定我吗？这个标准是哪里定的？这样的评价客观吗？
- 无助——无力感来自我，还是我承接的他人情绪？我能做什么？可以不做吗？
……

调整这些情绪的根本，在于重新挖掘并解读当下的人生画布，透过人生线路图找到卡点和真正的兴趣所在。如果发现自己兴趣过多，再次陷入迷茫，那么只要明确个人的核心价值观，就会带来清晰的方向。可此时如果不止一个方向，又该怎么办？最终找到的方向，难道就真的是对的吗？……这一系列问题还需要思考和验证。

坦白说，跨界的人生是最适合当下的一种生活方式，更是治愈上述所有问题、应对 VUCA 时代的解药。

每一个人的"界"都不一样。

跨界，就是有选择地突破固有边界的局限，看见并重塑更多的可能，最终获得自在。跨界常被认为是一种策略、一种思维，事实上，它从来不局限于品牌合作、职业转型。跨界也是一种心态、一种活法。看到自己的"界"，并懂得如何"跨"，就能在事业上游刃有余，在生活中潇洒自在。

这是能够令人真正幸福和自在的人生，我们可以通过一专多能来应对事业的危机，可以通过视角的转换来突破卡点、化解冲突，可以通过资源的整合实现价值的提升，可以通过学术的融合实现研究的进展，可以通过品牌合作实现创新发展，可以通过角色的转换和家人或他人自在相处。

这本书会从个人发展的角度，帮助正处在转折期、深陷迷茫或正在焦虑的你找到合适的路径，实现人生的重启。书中有很多有趣的工具和模型：个人商业画布、生命线记录图、人生角色卡、三看三问、金钱螺旋、兴趣飞轮模型、KANO 模型、板凳模型、摩天轮模型等。你还会见到许多与动物有关的启发：养一只鹅、溜达鸡、鱼池体系等。

写到这里，我的脑海中出现了在线下课中令我感动的许多事情：

有位学员在画第一幅生命线记录图时默默地哭了许久；有位学员把孩子哄睡着后学到凌晨 3 点，认真做了作业和思维导图；有位学员刚学完课程就开导了 3 个求助她的朋友；有位学员终于停止了频繁的跳槽，找到了心仪的方向，充满了活力；有位学员刚学一半就实践了其中的方法，拿到了两所高校颁发的聘书；还有些宝妈找到了自己的价值点，再度自信起来。

我真的很欣慰，这虽不是一堂心理疗愈课，但它幸运地疗愈了很多人。于是，我决定把它写出来，希望能够为更多的生命带去亮光和希望。

我不知道在这一趟旅程中，你会遇见什么，但我相信，你终会摆脱迷茫，突破卡点，重塑可能，找到那个真正独一无二、幸福自在的你。

最后，我想祝福你，活出属于你的跨界人生，怡然自得，幸福自在！

董佳韵

2022 年 3 月 3 日晚

目录

第1章　向前看，思考后半生：你的"遥控器"在你手里吗

中秋节的时候，你收到过螃蟹吗？你还记不记得它们的样子？

它们被绳子五花大绑，丝毫动弹不得。经过长途跋涉终于来到你家之后，还被你冷藏在了冰箱里。

你觉得这像不像你某个时刻的样子：动弹不得，任人宰割？

怎么办？

剪开绳子！

然后呢？

潇潇洒洒地横着走！

可为什么多数人做不到呢？

因为他们的人生遥控器没在自己手里，因为他们不知道自己除了眼前的路还有何路可走，因为他们不知道自己是否还有机会扭转乾坤，甚至他们已经不相信自己：我还能有另一番天地，还能脱胎换骨？

因此，在第1章，我们先来教你剪开绳子，拿回你的人生遥控器，看到更多的可能性，最重要的是，掌握一些

心法，在后半生脱胎换骨。

在阅读本章时，真心推荐你每天看一部电影。不如从今晚吃饭的时候就开始看。

- 电影《心灵奇旅》
- 电影《二分之一的魔法》
- 电影《生命之书》

第 1 节　重生第 1 问：你想拥有怎样的"后半生"

跟你讲一个秘密：我虽然身为心理咨询师，却在 2021 年年底出现了一次内隐性的焦虑。

你们看到的我一切正常——能量满满、笑容灿烂、温暖亲切，可你们大概怎么也想不到，这样的一个人在独自一人的时候，也会站也站不住，坐也坐不住。满脑子一团乱麻，想解决问题又无从下手，想到了答案，又一次次把自己推翻，不知道哪个选择是对的，哪个选择是错的。

颇有讽刺意味的是，我在给我的来访者分析问题时总是思路清晰、一针见血，而我自己却陷入茫然无措：我该何去何从？我就像是一个在大海里扑腾了许久、快要没有力气的溺水者，胡乱地去抓救命稻草（而且捧着真心和真金），可定睛一看，那根稻草并不牢靠，顷刻间便可断裂，我既失落无助又不甘心就这样沉入海底……

这样的内耗持续了数日，唯一的结果就是，我每天都和一个"好朋友"腻在一起——我的床。

似乎只有躺在床上，最让我安心，不用去用力支撑着这具肉身和沉重的灵魂。那段时间，我总是做梦，睡醒后我就去一遍遍地回忆梦境，寻找梦境的启示。

终于，被我发现了破绽。

原来，我的焦虑，是因为我把关注点放错了地方。

那段时间，我总是关注着那些比我优秀很多的人，向他们学习，自查不足，探寻进步的方法。听起来，这些都再正常不过了，似乎还挺励志的，对吧？

可是，看着他们的成就，原本的欣赏和学习，竟然悄无声息地演变成了焦虑、不甘和无助。你有没有过同样的感受？

在心理学中，有一个揭开焦虑本质的公式——

焦虑 = 关切 + 威胁

其中，"关切"的值，受到关注点、关切程度的影响。也就是说，转移关注点、降低关切程度，都可以缓解焦虑。

我不知不觉陷入的误区恰恰就在这里：我过于把关注点放在别人的优秀和我暂时的不足上。就像一场长跑比赛，看着前方 50 米、100米、200 米处的人，我们想要追赶，可是，正因为太想向前，我们反而忽略了自己，乱了脚下的节奏。

而这种节奏的混乱，是运动员的大忌。

我们唯一要做的就是，把注意力拉回来，把关注点放回到自己身上，回到我们究竟想要如何完成这场长跑上。我们可以去看前方的人、身边的人，但始终，注意力要深深地扎根在自己的身上。

也就是说，我们要想明白：我们要怎么样？

是我们，而不是他们。

在创业的路上，你会遇见五彩斑斓的、优秀的人，他们每个人的人生经历、成就事件、各种数据（例如粉丝数、影响力、收入、资源、成就、经历、背书、专业……）都会让你羡慕不已。你的心脏会因为他们（或者有关他们的信息）而狂跳不止，而你的潜意识也开始悄无声息地对比。

然而，你没有办法活成他们中的任何一个人。更不要提，在脑海中，你是在和"他们之和"作对比。

来，我们看一些事实：

- 有的人耀眼夺目，影响力"爆棚"，但是他们可能没有告诉你，他们从早忙到晚，几乎无休，每天工作 16 个小时；
- 有的人生活惬意，开民宿、做手工，但是他们可能没有告诉你，他们也在承受淡季的压力；
- 有的人收入颇丰、团队庞大，但是他们可能没有告诉你，他们正在发愁团队的管理和身体的症状；

……

每一种人前，都有一种人后。人前是生活，人后也是，因为，它们都共用着我们人生的同一个时间银行。

所以，解决一切的根本点，就是弄明白在这唯一的一个时间银行里：你想拥有怎样的人生？前半生已无法改变，那么你的"后半生"呢？

在这个后半生的剧本中，你希望是怎样的生活状态？每天在什么样的生活圈中，做着怎样的事，感受着怎样的心情？

在这样的剧本内，你的事业是怎样的呈现？你的感情是怎样的呈现？你的自我成长是怎样的呈现？你的健康、你的梦想、你的朋友、你的价值呢？

这些问题的答案就是你后半生的答案——你的生命环（图 1-1）。

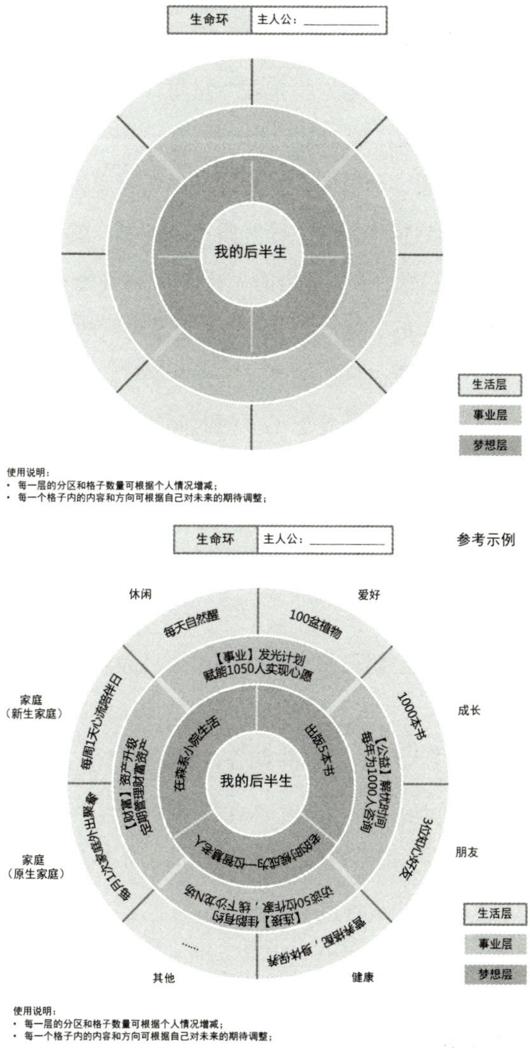

图 1-1　生命环示例

当我想明白了我想要过的生活是"一手生活、一手事业、一手梦想"的时候，我便不再"盲目"地羡慕那些在某个方面远胜过我的人，因为，我有我自己的人生要走。

现在的我，和 100 盆植物一起生活。房间里摆满了我画的油画，还有近千本书，有一架钢琴、一把尤克里里，有我喜欢的纱帘、喜欢的读书角、喜欢的灯光、喜欢的音乐……

清晨睡到自然醒，伴着家人在客厅活动的声音，翻个身，再在被窝里赖会儿床，然后伸个懒腰。睁开眼第一件事，就是看向窗外，阳光透过奶白色的纱帘，穿过窗边的一排多肉小可爱和精灵般的蓝雪花，在铺着蕾丝桌布的书桌上，投射出一道道斑驳的光影……

对了，偶尔还会有一只小鸟在窗外的防盗网上蹦蹦跳跳……

我喜欢这样的清晨，总是忍不住把时间暂停一会儿，这样的清晨总是让我觉得，生活格外幸福和美好。如果肚子不是很饿，我会从枕边选择一本书，好好地读上一会儿。

这就是我的"一手生活"。

读到这里，你的心里会不会涌起一丝羡慕和期待之情？让我告诉你这背后的故事。

2016 年，是我人生中最大的低谷，我的父亲被检查出直肠癌晚期，他从一个魁梧健壮的男人，一点一点地瘦成了皮包骨头，起初他还能生龙活虎地煮黄豆猪蹄汤，后期就只能卧床休息，卧床久了，身上很多地方出现了溃烂。

有一天他突然大声地喊我，说身上疼，然后就再次陷入了迷糊状态。除了给他上药膏外，我束手无策。

那天，我跪在床边，握着他瘦弱的大手，默默地哭，默默地跟他说心里话。第二天，家里来了很多人，父亲走了。

去火葬场的一路上，我抱着父亲的照片，直到做完所有的仪式，又抱着父亲的骨灰盒回到家，再到把父亲安住在墓地，我像个呆子一样，整整半年，没有流一滴眼泪。

故事还没讲完。

在父亲生病住院的那段时间，我和男友因为一些原因分手了，连带着对未来生活的全部憧憬都没了，那种割裂，生疼。没多久，我又"幸运地"遇到了职场"游戏"，我不愿毫无意义地内耗和斗争，于是，我辞职了。

没错，同一时段，我的亲情、爱情、事业，人生最重要的 3 件事，都发生了变故。

这份打击无声无息，我却用了 5 年的时间，才重新"活"过来，成为你们如今看到的模样。

5 年里，我一直在找寻生命的意义，或者说，在找寻活着的价值和理由。生命总归会有一个句号的，那么，我来世上这一趟，是为了什么呢？就像电影《心灵奇旅》中，那些可爱的灵魂重返地球前在寻找生命火花一样。我的生命火花究竟是什么呢？

人啊，在低谷的时候，总是喜欢想这些哲学问题，可是又很难一下子想明白。

于是，我就一直做公益，做能帮助别人的事情。

- 我持续做着跨界品牌联合会和论坛，帮助知名品牌实现跨界创新和连接，特别有意义的是，全国各地有 56 个分会，无论大家的事业发展到哪里，都能迅速建立人脉。
- 我举办了 4 届 LADYDONG 全球视野女性论坛、上百场女性沙龙，影响几十万优秀的女性再提升。

- 我考取了国家二级心理咨询师、生涯规划师证书，去上了 MBA 商学院，去全国各地讲课、做咨询。
- 我还考了驾照，去旅行，学习油画和尤克里里……

几年间的心无旁骛、全心全意，我收到了许多令人感动的信件和礼物，收获了特别多有爱的朋友，也开始有缘结识我的偶像和作家朋友们。

2021 年的一个深夜，一个词跳进了我的脑海：发光。

对，要发光！我要帮助更多人发光，让更多人成为发光的自己，同时一起去成就有光的身边人！

我恍然大悟，5 年来，虽然我随心所欲地做了许多事，但这些事却像是冥冥之中有一股力量在指引着我一样，我所从事的所有事情，其实都是为了一个目的——帮助身边人。而巧合的是，在那些灰暗的日子里，给我力量的，正是那些我帮助过的朋友，是他们让我看到了我此生的意义，也是他们一份份的喜报，让我感受到一种无以言表的喜悦和心跳。

我终于明白，这就是我生命的火花。

现在的我，从事着我喜欢的自由职业：写书、讲课和咨询。我更加坚定后半生之路：

我希望帮助更多人摆脱迷茫、突破卡点、探寻可能、实现心愿，帮助更多人活出发光的自己，然后一起去点亮更多人生命中的火花。

这就是我的"一手事业"和"一手梦想"。

讲到这里，你是不是也发现了一件事，其实，我是"被动"转型的。若不是遇到生命中如此深刻的低谷，我大概也会和多数人一样，继续在企业中努力地奋斗着，不眠不休。如果真的是那样，大概率大家看不到我的第一本书，也看不到你手中的这本书了。幸运的是，我把这次"被动"的遭遇，慢慢地变成了一次"主动"的起跑——从头开始，重启人生。

有一句真心话，我想告诉你：

老天给我们的人生藏着很多的礼物，只不过有的包裹着痛苦、迷茫、挫折、纠结的外衣。撕掉它！你会发现，这些都会变成你未来的福气。

如今，我已找到后半生的答案：一手生活、一手事业、一手梦想。

你找到你的人生梦想了吗？你找到你的人生意义了吗？你找到你的生命火花了吗？

想想看，你的后半生想怎么活？你想成为怎样的你？

第 2 节　重生第 2 问：你的"后半生"有什么可能

做咨询的时候，我发现一件事：

很多人想"重启"自己的后半生，如果有一个按键，他们恨不得立刻狠狠地按下去——换一种活法。

他们告诉我：

"今年挣钱太难了，有没有什么好的方法？"

"一回到办公桌前，我的胸口就闷得喘不过来气。"

"我每天都要加班到凌晨，真的不想继续这样的生活了。"

"我现在一个人要照顾两个孩子、两个老人，一直想自己做点什么，但总是腾不开手。"

"哇塞，一场直播变现 100 多万，他们是怎么做到的啊？"

"公司准备裁员了，我要么调岗到销售部门，要么就只能走人了。"

......

这些问题其实都指向同一个话题：跨界转型。

聊着聊着，大家的关注点就会从对现实的苦恼转向对未来的好奇：

"我该怎么办？"

"我还有哪些选择？"

"我行不行啊？"

"我能不能做好？"

"我要不要现在就转？"

大部分人会经历这样的心路历程：对出路的渴望、对路径的好奇、对能力的怀疑、对未来的担忧。这就像假如我们要离开现在生存的土地，寻找新的家园，我们会想：

- 我要到哪里去？
- 怎么去？
- 以现在的条件和能力，能不能去到？
- 会不会遇到什么困难和危机？
- 什么时候出发比较好？

- 过去后怎么才能快速立足？
- 日后会是怎样的生活？
- 如何避免重蹈覆辙？

这就是跨界转型时必须思考的 8 个问题，本书就是来解决这些问题的，希望能帮助你在迷茫时做出最优选择。

起因类型

从起因来看，触发跨界转型的情形有 3 种：主动转型、被动转型和被迫转型。

主动转型，就是以你的主观意愿为源动力，寻求"如何能更好"。你会主动思考更多的出路、主动抓住机遇、主动创新出更多的可能性。例如，你发现不喜欢现在的工作以及由此产生的生活方式，决定追随内心，从事喜欢的事业；你看到了新媒体行业的机遇，决定投身其中。

被动转型是什么呢？就是你遇到了一些生活上的变化（例如怀孕生子等导致的身份变化），或者阻碍（例如身体病痛等），或者觉察到了市场环境的变化（例如客户需求的转变等），虽然你可以继续做下去，但是为了阻止情况恶化，你"主动"选择了转型。

比被动转型更惨的是被迫转型，就是你目前的路完全走不下去了，已入穷巷，不得不另寻他路。例如，40 多岁时遭遇公司裁员，而同行业公司招聘时对年龄的要求多数是 25 岁到 35 岁，此时你不得不开拓一条新的发展路径。

这三种情形的行动核心是什么呢？

概括地说，主动转型的行动核心在于梳理你的可选项究竟有哪些，思考该如何选择，如何做好心态上的准备；被动转型的行动核心在于洞察形势、接纳变化和快速调整，看到灰犀牛现象，提前预防，化被动为主动；被迫转型的行动核心在于快速调整情绪，找到自我优势，开辟新路。

出路类型

那么，另寻他路的话，究竟有哪些出路呢？

从出路来看，跨界转型主要有 3 种方式：转行、T 型发展和 Π 型发展（图 1-2）。

转行　　　　　　T 型发展　　　　　　Π 型发展（斜杠）

图 1-2　跨界转型的 3 种方式

(1) 转行

转行就是离开原来的领域，进入一个新的领域。这其中又包含行业的转换、职能的转换和身份的转换。

例如，我有一位在房地产行业从业多年的高管朋友，她自从做了妈妈之后，一发不可收地爱上了母婴行业，现在开了一家母婴产品公司，研发母婴食品，实现了从房地产行业到母婴行业的跨界。

　　有一个朋友原本是银行的柜员，为了有更好的发展，2021 年主动申请调岗到了客户部，负责开发和服务大客户去了。她实现了同行业内的两种职能之间的转换。

　　有一位普法漫画人叫四格小今，在成为漫画人之前，是一位 HR（人事），她很喜欢画漫画，于是业余时间用漫画的形式科普了许多职场技巧和劳动合同方面的法律法规，非常受欢迎。后来她出版了《每天学点劳动合同法》《三分钟漫画民法典》，成立了自己的工作室，实现了从 HR 到自由职业者的身份转变。

　　问一个问题：如果你是一名警察，你觉得你有哪些跨界的选择呢？

　　我认识两位警察朋友，一位去做了猎头，另一位做了主持人并开了一家传媒公司。这个跨度看起来是不是挺大的？做猎头的那位朋友对我说："警察工作和猎头工作其实有一个共同点：都需要极强的洞察力、分析力和沟通能力。"我一想，这还真是啊，他做的还是"找人"的工作嘛，无非是找的对象不同而已。

　　转行并非一定要离开原来的行业到一个陌生的行业，也并非一定要做自己不熟悉的工作。新的出路可以在兴趣、能力和经验等方面与之前的行业或者工作相关联。本书后面会详细拆解，告诉你该如何寻找到自己的出路。

(2) T 型发展

　　通俗地说，T 型发展就是一专多能，也就是在你的原有领域多方面发展（图 1-3）。

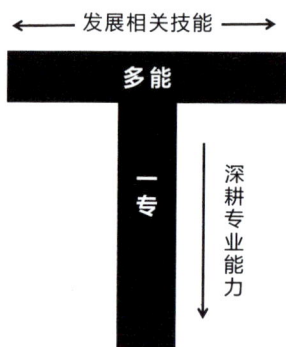

图1-3 T型发展模型

例如，我们熟知的很多演艺界的明星，既是演员又是导演、制片人，有的明星自己还拥有经纪公司，培养新人。

如果你现在还在职场，建议你不仅要关注"T"下面"|"的部分如何变长，扎根更深，也要关注"T"上面的"—"，要尽可能让它也慢慢变宽。这样，你的反脆弱能力就会更强，当黑天鹅事件来袭时，你才有足够的能力抵抗。换句话说，你的应变能力和反脆弱能力才能够保护好你。

我在可口可乐公司做管理培训生时，有3年的轮岗期，在轮岗的过程中，我渐渐意识到了一件事：如果要成为一名优秀的品牌管理人，除了我学的市场营销专业，我还需要额外的一些能力，比如创新、市场调研、数据分析、销售、客服、公关、经销商管理、新媒体营销、视频创作、文案、设计、培训、跨部门跨级别的沟通、文化活动、内刊制作……

后来，在恒大集团任职时，我建立了恒大冰泉河南分公司的品牌部，而后又被领导选中同时兼任客服部和直销部的负责人。身兼多职的机会对我而言十分珍贵，但并非每一件事情都是在有了十足的把握之后才开始的。我向部门的律师学习法律条文、了解法律案件，向总部公关同事学习公关和应对客户投诉的技巧，曾经一个月的时间我们就处理了 100 多起"事件"，我甚至亲自和同事假扮情侣，去跟踪"流氓小媒体"[①]。

每每想起那段丰富多彩的工作经历，我都觉得不可思议。我也仿佛成了一个"女战士"，这让我在面对陌生事物时，多了一份底气。

这就是 T 型发展的另一大好处：有更宽广的视野和更多的解决问题的思路。这会让你内心的底气大大增加。即便是遇到突然裁员，你也不必担心失业。横向来说，你的选择范围非常广；纵向来说，你的专业能力很强，你会成为猎头乐意争取的候选人。

(3) Ⅱ 型发展

什么是 Ⅱ 型发展呢？简单说，就是你有多条腿来支撑自己的发展。你可能不止有一个身份，不止从事一份工作，不止一个收入渠道。你可以把它简单理解为斜杠发展。

它和 T 型发展的共同点在于都需要多种能力，但 T 型发展的核心是一专多能，而 Ⅱ 型发展是多专多能。如果从 T 的"一"向下长出了新的"腿"，它发展成了你的另一个事业板块，成了你的一个新的收入渠道，那你就实现了从 T 到 Ⅱ 的升级（图 1-4）。当然，有可能你现在不仅仅有两条出路（两条腿），如果很多项技能相继发展成了你的收入渠道，那就不仅仅是 Ⅱ 了。

---

① 指的是通过以不实言论引导舆论来抹黑企业这种手段获取收益的部分网络媒体。

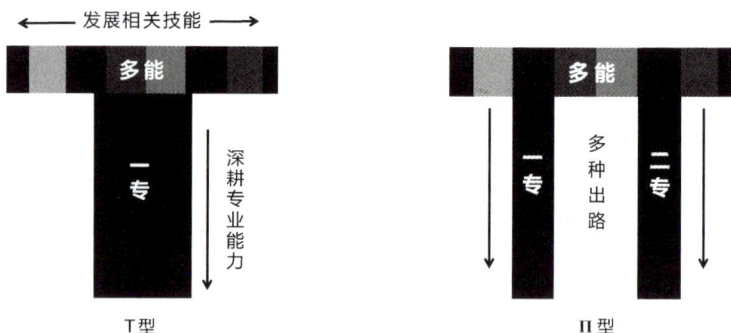

图 1-4　从 T 型发展到 ∏ 型发展的升级

例如，你开了一家摄影工作室，但你不仅照片拍得好，还擅长写文案，擅长讲课和分享，擅长和用户沟通，那么你的一专多能，就有可能发展为 ∏ 型的多专多能。在摄影工作室之外，你可以写一本摄影相关的书（增加版税收入），开发一套摄影相关的课程（增加课程收入），开展一项针对其他摄影工作者的创业指导和私教咨询服务（增加咨询收入），还可以开直播（增加直播带货收入）……

这种情形是在同一条赛道上的 ∏ 型发展，除此之外，还有一种是不同赛道的 ∏ 型发展。

例如，我有一个朋友 A，她自己开了两家酒店，同时又开了一个女性会所；还有一个朋友 B，她一边在企业中做管理，一边访谈当地的行业人物并写成文章发布在微信公众号上（每年都收到品牌赞助费），此外还做了某个品牌的产品代理（获得分佣收入）；朋友 C 呢，一边和朋友一起创业做家庭教育工作坊，一边做某读书会的市级代理，拥有很多稳定的会员（年年续费）和渠道商（渠道商主动开发的客户，她也会享受到部分收益），同时还自己做讲师和咨询师。

你发现了吗？

其实，Ⅱ型发展的升级版模型，称为板凳模型更为形象（图 1-5）。有 3 条腿的，有 4 条腿的，有腿之间带横梁的，也有带扶手和靠背的……

3 条腿的板凳　　　　4 条腿且带横梁的板凳　　　　4 条腿且带扶手和靠背的板凳

图 1-5　板凳模型

我们前面说的朋友 B 的模型就是第一种，像一个 3 条腿的板凳。

开摄影工作室的朋友的模型就像 4 条腿且带横梁的板凳，每条腿之间有很强的关联性，具体来说，写作能增强自己的专业影响力，影响力能带动课程学员数量的增加，讲课和咨询能带动案例和经验的累加，有助于持续输出优质内容，优质的内容和演讲能力可以提升直播的喜好度，通过直播又能持续叠加影响力和变现路径，各条腿环环相扣，螺旋式互补。

朋友 C 的模式就很像带靠背的板凳了，因为她有能让自己累的时候缓口气的"靠背"——被动收入。只要她的读书会的会员年年续费，她就会有收入，且她的渠道商也在帮她招募会员，这两个部分对她来说都属于自动流进口袋的收入。除此之外，投资收入、畅销书的版税、房租收入等，也属于"靠背"。

由此来看，每个人后半生的可能性就至少拥有 3 大类型和 8 种情形（图 1-6）。如果你能再发挥一下创意，相信你后半生的可能性远不止如此。

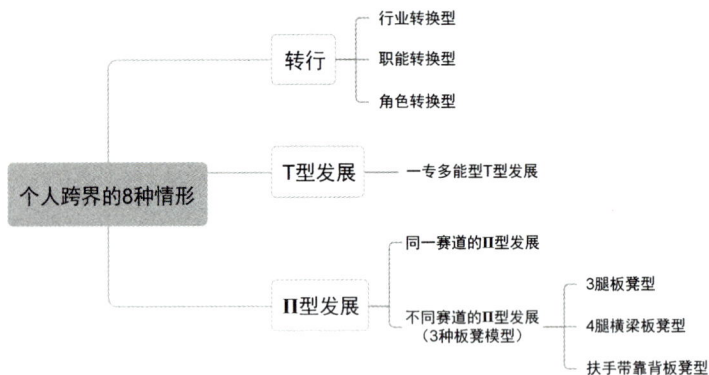

图 1-6　个人跨界的 8 种情形

　　借用前北京电视台《跨界歌王》节目主持人栗坤的一句话："一个业余的人（要想）做一件专业的事情，就需要在全新的世界找到全新的自己。"所以，如果你正在跨界，正在从熟悉领域内的专业身份转变为新领域的业余身份，请不要担心和气馁，你只需要在全新的世界找到一个新的自己就好。而且，我相信你一定会拥有另一番天地。具体怎么做呢？从本书第 5 章开始，我会分享很多实操方法。

第 3 节　重生第 3 问：如何让你的后半生脱胎换骨

　　每个人的后半生都可以重新来过、脱胎换骨，成为一个前半生想象不到的人。即便你觉得你的人生已经糟糕透顶、无法改变，你觉得你只能一辈子深陷泥潭，实际上，你也还有很多条路、很多选择。只要你愿意重新开启你的后半生，愿意转换一下思维方式，愿意按下

"脱胎换骨"的开关键。

刚踏入职场的第一年，我的职场导师对我说："三十年河东三十年河西，说不定几年之后，他们还没你发展得好。"

导师所说的"他们"是当时比我职级高很多的中层管理者。那个时候，我百思不得其解，我认为，在我进步的时候，他们肯定也在进步啊，说不定进步得更快；若我升职，他们也会升职啊，就像图 1-7 中上图中的两条线一样，他们的发展高度永远都会在我上面。

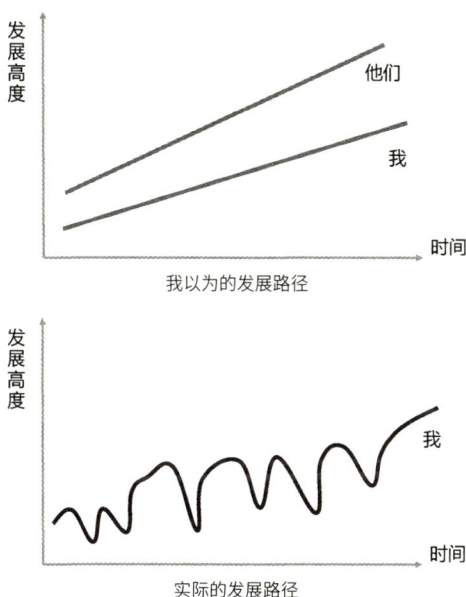

图 1-7　我以为的发展路径和实际的发展路径

然而，十年过去，我才发现，人生的路径并非一条直线，也许是曲线，也许是螺旋线，也许是断线……唯独直线的可能性太低了。

我看过不少人的生命线记录图[①]，大部分人的生命线是曲曲折折

———————————
[①]　生命线记录图的绘制方法详见第 2 章第 2 节。

的，有高有低。有低开高走的"大女主"剧本，也有高开低走的"落难仙子"剧本。

但同时，我还发现一个令人雀跃的现象：总有人在经历过某次事件后，成功找到了天命所归，也就是他自己的热情和能量所在，活出了一种自在畅快的感觉。这种感觉，是藏也藏不住的，时不时就会从他们的精神状态、声音、表情溢出来，感染他人。

我还发现，许多人遭遇人生转折的年龄，大约在30岁到50岁。他们似乎突然开窍了一样，经历过一段时间的苦闷，而后开始向内寻找答案，向外寻找机遇。很巧的是，一条新的路，就在这个时刻，悄悄从一片白茫茫的迷雾中渐渐显露出来。

如果你正处在这个年龄段，想想看，你现在身上背负的角色是不是正在增多？

美国著名职业生涯规划大师舒伯于1953年基于年龄层次将每个人生阶段与职业发展结合，把职业生涯发展阶段划分为成长、探索、建立、维持和退出五个阶段，并提出了生涯彩虹图模型（图1-8）。你可以在对应的年龄段涂上颜色来表示投入程度，颜色面积越大，表示对该角色投入的越多，空白越多，表示对该角色投入的越少。

图1-8仅为示例，你可以画出自己的色块，看看你的角色重叠较多的是哪个年龄段。

一旦角色重叠较多，就会面临角色平衡的问题。这也是大多数人的困扰，本书第2章第3节中分享了一些方法，希望那些方法能把你从焦头烂额中解救出来。

除了平衡的困扰外，在这个阶段，我们还会萌生出一种想法：安稳。与20多岁时努力拼搏、力争上游不同，此时的努力多了一层"为了未来的安稳"的想法。

那么，究竟什么是安稳？

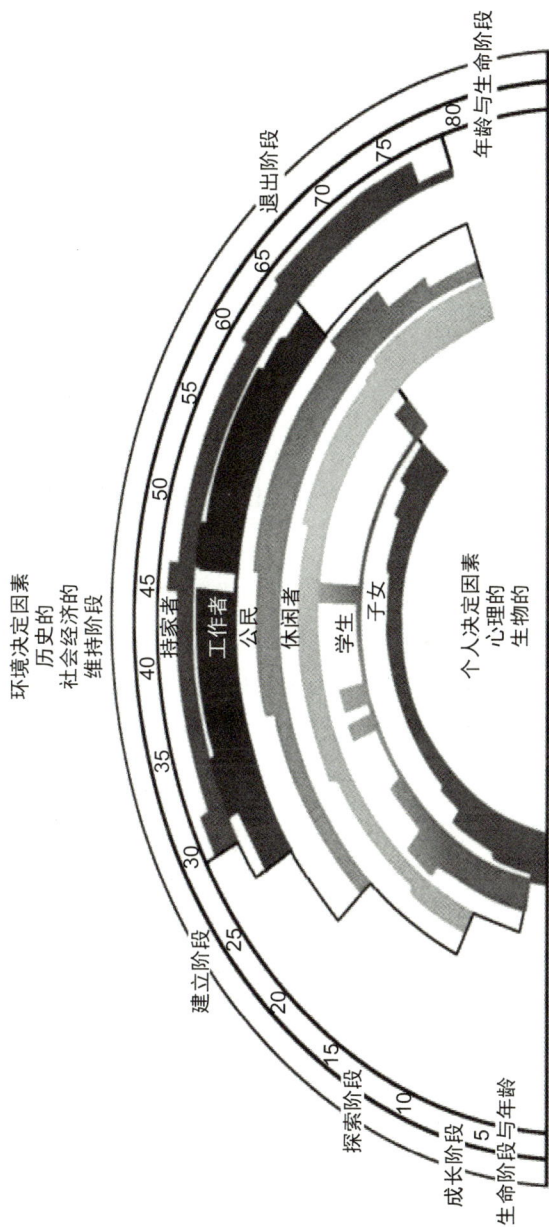

图 1-8　生涯彩虹图模型

环境决定因素
历史的
社会经济的
维持阶段

个人决定因素
心理的
生物的

持家者
工作者
公民
休闲者
学生
子女

退出阶段
建立阶段
探索阶段
成长阶段

年龄与生命阶段

生命阶段与年龄

我们的上一代人认为某些单位非常安稳，哪怕工资低也要你挤进去；而我们这一代人认为大公司安稳；更年轻的一代则认为自己创业最安稳。

然而，这些看似的安稳抵不过两种动物的威力：一种是黑天鹅，一种是灰犀牛。

在如今这个 VUCA 时代，如果想图个安稳，就得不断进步，保持向前的状态，让自己不断地丰富，警惕止步不前。

不动，不是安稳；能一直跟上社会的节奏，才会安稳。就像在水流中，顺着水流的方向前进，才是安稳的，若原地不动，水流就会把你冲得摇摇晃晃。

因此，你要试着成为一名"X 战士"，拥有变身的能力。

澳大利亚的墨尔本有一位叫尼克·胡哲（Nick Vujicic）的励志演讲家，他天生没有四肢，只有左侧臀部以下的位置有一个带着两个脚趾头的小"脚"。在他 6 岁时，父亲教他如何用身体仅有的"小鸡脚"打字。母亲为他特制了一个塑料装置，好让他学会"握笔"写字。8 岁时，父母把他送入小学。因身体残疾，他饱受同学的嘲笑和欺侮。10 岁时，他曾试图在家中的浴缸溺死自己，但没能成功。

19 岁时，他打电话给学校，推销自己的演讲。被拒绝 52 次之后，他获得了一个 5 分钟的演讲机会和 50 美元的薪水，开始了演讲生涯。后来，他在五大洲超过 25 个国家举办了 1500 多场演讲，且出版了 5 本书。

如果你觉得他的人生起点太惨了，我们再看一个荷兰人，叫塔尼亚[①]，她在大学里面工作，做文员工作，平常主要是收发邮件，做一些

---

① 案例来源于《跨越式成长》一书。

日常琐事，她一直觉得自己没什么引人注目的特点，唯一的优势就是擅长打游戏。后来，他们学院改革，要开一门远程课程，在一次开会的时候，大家抱怨说论坛太难管理了，里面发言的人说什么的都有，还有很多脏话和对骂。塔尼亚就插了一句："'水军'①是要管的。"那些教授问她："什么是'水军'？你懂这个吗？"她说"我有十几年经验"，后来，她被委以重任，升职做了网络管理员。

发现了吗？我们的人生从来都不是一成不变的，我们的后半生是完全可以脱胎换骨的！那要如何做呢？分享 6 点心得给你。

1. 让"没用"的过去成为你的优势

试着寻找你过去人生经历中的优势，找到过去的意义所在。

(1) 借助生命线记录图，从过去的经历中寻找到你的天赋和能力。具体方法请移步本书第 2 章第 2 节。

(2) 发掘业余爱好的价值。看似"不务正业"的业务爱好，却有很多好处：让你思维更加灵活、视野更加开阔、洞察力更强、启发新思路，不仅增强了工作能力，还有助于和他人产生连接，让大脑得到锻炼、内心得到滋养。一个有爱好的人和一个没爱好的人，他们内心的丰富程度是完全不同的。千万不要让自己这一生活成一个无聊、无趣的角色。

2. 转换思维，把握人生的第二次机会

我的朋友悦也，从 2016 年开始创业做护肤品的代理，做得非常不错。2020 年，她和她的许多代理团队开始重新寻找出路。其中，有

---

① 指网络水军，即在网络中针对特定内容发布特定信息的、被雇用的网络写手。

的代理团队选择了传统的地推方式，辛苦却收效甚微；而她则快速地去学习网络直播，靠直播，仅仅用 3 个月的时间，她个人的零售业绩就突破了 9 万元。

你看，同样是想办法应对黑天鹅事件，为什么她能扭亏为盈，而其他人却收效甚微呢？答案就是 4 个字：转换思维。她敢于踏出原有领域，尝试新玩法。

在这里，最怕的是自己觉得"这个我们之前没做过啊"，然后拒绝。突破和创新，如果不是"第一次"，就不叫突破和创新了。没有突破和创新，何谈脱胎换骨呢？

3. 未雨绸缪，定制板凳方案

说实话，灰犀牛事件在咱们的工作和生活中真是太常见了：熬夜伤身体——继续熬；听说公司要裁员——抱侥幸心理；发展遇到瓶颈了——依然埋头做事，懒得想未来……

如果你希望你的后半生能够脱胎换骨，就一定要"未雨绸缪"，才不至于手忙脚乱。"被迫转型"令人非常痛苦，但如果提前洞悉到"灰犀牛"的信号，提前布局做准备，你就能够从"被迫转型"转换成"被动转型"，掌握一定的选择权。

千万不要等到一件事做不下去了，再去想下一件事，你要学会给自己留一条退路：如果不做这个，你还能做什么？为自己定制一个进可攻、退可守的"板凳方案"，你的内心便可安稳。

4. 学会学习

"佳韵老师，我总觉得自己心里没底，上半年学了很多课，看到好课程自己就忍不住想学，可是学了许久，我好像还是什么也不会，还是不知道自己能干什么，越学越没自信。"

脱胎换骨的可能性，一是来源于前面说的机遇，二是来源于学习。机遇可遇不可求，但学习这件事我们可以自主掌控，且学习中也藏着机遇和灵感。

(1) 学习不等于上课。观察也是学习，交流也是学习，行动也是学习。通过这些自学的方式，我学到了许多课程中不会讲的东西。对于学个差不多就够用的技能，找到底层逻辑能让你快速掌握核心。

(2) 学习不等于要花高价。你可以在"中国大学 MOOC"的平台上免费学习清华大学的课程；在"学堂在线"应用程序上听全国很多大学的课程；还可以在起步阶段用买书替代高价课；在小红书、视频号、抖音、哔哩哔哩等网络平台，也可以免费学习到很多知识和技能，一分钱都不用花。但重要的是什么呢？是不要做"收藏家"，要做一个"实用家"。毕竟，拥有不如享有。

(3) 学习不等于学专业技能，还要升级思维、拓宽视野、增加知识储备。有的人踏入新领域后，做的第一件事就是特别拼命地学习，生怕自己不够专业而露了怯。事实上，考取的证书再多，如果本事没长在自己身上，心里依然没底气。罗列一个自己需要的知识体系，根据重要和紧急程度来学，而不是什么都学。

(4) 保持独立思考，不要被"权威效应"影响。曾经，我在陷入"内卷焦虑"时寻求解决之道，一位导师对我说："你要更加努力，去'卷'得过别人。"我接着问："那如果别人又'卷'过我了呢？"答："那你就要更努力啊，人生就是要努力，只有死人才不用努力，你说对不？"

对……但心里又隐隐觉得哪里不对。

后来我回复说："老师，谢谢你的建议，不过这个建议可能真的不太适合我。我想过的是舒适自在的生活，我想自得地过后半生。我不想做跑轮上的小仓鼠，不想停不下来。"

正确的答案未必适合你，如人饮水，冷暖自知。人生是自己的，切不可盲目地让"权威"影响你的选择。更不要靠别人的导航来走你自己的路。

5. 保持社交

在最失意和迷茫的时候，一定要记得多社交，不要把自己封闭在房间里，试着走出去，说不定机会就在什么时候出现了。也说不定，你看到了什么，听到了什么，灵感就来了，又或许你今天遇到的这个朋友，会为你带来一个什么机遇呢。

走出去，拓宽自己的天地，扩大你的身体能量的覆盖范围。千万不要让自己长期蜷缩在家里的一个角落，这会让你的能量越来越弱，局面越来越打不开。

6. 探索源动力

找寻一个答案吧，想一想你的后半生想怎么活。你想用你的后半生实现怎样的生命意义？你的答案，会把你指引到一个全新的方向、全新的状态中。你可以尝试下面的方法。

(1) 意义疗法：这是心理学家弗兰克尔（Viktor E. Frankl）所倡导的，主要用来挖掘生命的意义，使人改变对待生活的态度和方式。有一些人在患重病、绝症或遭受生活挫折、年老孤独或环境剧变时，常常会感到失去了生活目标，对生活的意义感到迷茫，表现出对生活的厌倦、悲观失望或无所适从。意义疗法特别适合抑郁、空虚、迷惘和绝望的情况。

(2) 五大热情：热情测试工具是珍妮特·布蕾·艾特伍德（Janet Bray Attwood）和克里斯·艾特伍德（Chris Attwood）联合创建的，能够帮你找到自己的热情，并明确优先级，将精力和专注力放在自己的热情中，活出热情的状态，过上丰盛而满足的人生。这种方法特别适合这样的人群：工作焦虑、迷茫、不开心、没有动力、找不到方向；想做自己喜欢的事，但不知道喜欢什么或者不知道怎么开始；做事不自信，总爱自我怀疑。

来吧，找到你的热情和生命的意义，我们现在就一起按下"脱胎换骨"的开关键。

第 2 章　向内看，弄明白自己：现在的我究竟是谁

是否要扔掉，换新？

电脑卡住动弹不得的时候，你会怎么做？

是不是使劲晃几下鼠标，再咔咔点几下？还不行？那就用 Ctrl+Alt+Del 启动任务管理器。再不行，就长按关机键重启。

你是这样吗？

在电脑方面，我是一个门外汉。有段时间，我的电脑总是出问题，要么卡住不动，要么蓝屏，要么发出吱吱啦啦的响声。还有一次，我第一本书首稿即将完成时，它突然就打不开了！要命的是，我的所有书稿都在电脑里——没有备份！这真的是把我吓坏了，我心想：那可是无数个披星戴月的日子里敲出来的 20 万字啊。

我发朋友圈求解，看到一些"秒回"的留言："该换电脑了""换个新的就好了"。

可你知道吗？这些我百思不得其解、摸不着头脑的电脑问题，被一个朋友三下五除二就解决了。他只做了两件事：重装系统、换风扇。

到现在已经两年过去了，我敲击这段文字时，用的还是它——一台陪伴了我 10 年的笔记本电脑。

无独有偶，我在一次和一个朋友通话时提到，我手机的来电铃声总

是莫名其妙地就不响了，导致我总是漏接电话。你猜朋友说什么？

他几乎只花了 0.1 秒的思考时间，就对我说："该换手机了。"

"我新买的好吧？最新款，顶配！"我怼了回去。

"哦，那我就不知道了。"

"我特别想问你一句话，你是不是觉得什么东西有点小毛病了，就得换？"

他连连说"不是"。

后来手机厂商的售后人员对我说，来电铃声不响，可能是因为启动了免打扰模式，把它关闭就好了。你看，多么简单的一个解决方法，何至于就到了换手机的地步？

不是所有的东西出一点小问题，就要全盘否定、扔掉、换新！

电脑是这样，手机是这样，工作是这样，伴侣和家人也是这样！

如果你对朋友讲述你现在在工作中遭遇的各种压力、不公、不顺心、不知所措，那么朋友十有八九会端起酒杯说："别烦了，这么不爽就辞了它。"如果是对贴心的伴侣诉苦，他（她）可能会说："没事，辞职回家，我养你。"这些话听起来很温暖，可抛开情绪感受，我们理智地去想一下，这样做真的是最优解吗？如果我们没有看到这背后事实的真相，没有找到应对的策略，这样的事情难免会再次出现。而这样的做法就变成了一种逃避。

这其实牵扯到一个非常重要的思考路径：

如果你现在遇到了卡点，是否要选择换条路？

答案是：不一定。

请别误会，我并不是非要让你待在把你烦得要死的工作环境里，或者让你前方无路还非要去撞南墙。我指的是，我们可以冷静下来，对自己做一个洞察和分析，然后再决定。这就像，我们不可能一遇到死机就换台新电脑，或者工作一不顺心就辞职，和伴侣一吵架就要分手，和家人一生气就离家出走。我们总是要先知道导致这个情况的原因究竟是什么，我们是否有其他更直接有效的解决方法，然后再决定是否转身，转向哪里，那里靠不靠谱，怎么转过去，先迈哪只脚……

所以，接下来，我送给你 3 个放大镜，来洞察你现在的核心卡点究竟是什么。

第 1 节　洞察 1：一张图看清你当前的个人模式

在整合心理学中，有一个很重要且核心的技巧，叫作"看见和重构"。

我有一个在世界 500 强企业的企划管理岗位工作了 10 年的朋友，她现在正面临裁员危机，很迷茫，不知道自己能做什么。在她眼里，自己除了在这家公司中已经做得很熟悉的事情，好像"什么都不会"。

如果是你，你会怎么想呢？你觉得这可能吗？姑且不说别的，能在世界 500 强企业的管理岗位上干 10 年的人，怎么可能如她所说"什么都不会"呢？她拥有很强大的能力和资源，只是她没有发现而已。

所以，对她来说，最重要的就是看见自己的优势和资源，重新审视自己的人生策略，然后决定是接受岗位的调整，还是在某个时刻选择新的轨道。这就是对她而言的"看见"和"重构"。

那么，怎么去"看见"自己当下的模式，怎么知道自己现在的问题是"重装个系统""换个风扇"就能解决的，还是必须"换台电脑"呢？

推荐一个非常好用的工具——个人商业画布。

这个画布有两种用法：你可以拿它来梳理和规划你的公司和创业项目，用在商业上；也可以把自己当作一家公司、一个产品，拿它来梳理自己。

个人商业画布一共有 9 个板块，只要把这 9 个板块梳理清晰了，很多事情就可以想清楚了（图 2-1）。

重要合作伙伴 谁可以帮我	关键业务 我要做什么	★ 价值服务 我怎样帮助他人	客户关系 怎样和对方打交道	客户群体 我能帮助谁
	核心资源 ★ 我是谁 我有什么		渠道通路 怎样宣传自己交付服务	
成本结构 我要付出什么			收入来源 我能得到什么	

图 2-1　个人商业画布

(1) 核心资源

每个企业都有自己的核心资源，正如樊登老师在《低风险创业》中提到的，每个企业都要有自己的"秘密"。这个核心资源，可以是厂房、资金、核心人才、专利技术和流量渠道等。

对我们个人而言，我们能依赖的核心资源就是我们自己：我是谁？我有什么？

我是谁？

这听起来是一个很深奥的哲学问题，我们可以从兴趣、技能、个性、价值观、智力水平、幽默感、人生梦想、行为风格、人生角色，以及我们希望别人如何缅怀我们等角度来全方面地、立体地描绘我们自己。正如序幕中提到的：我们的人生就像是一个球体，其中容纳了许多元素。

你会不会想说："我是谁？我想不明白我是谁，这个问题太哲学了！"

我国著名哲学家邓晓芒教授说，"我是谁"是一个终极的哲学问题，这个问题是有答案的，答案叫作：走着瞧。就是说，你的人生是你活出来的作品。人生的终极是什么？这辈子到底是怎样的人生？不知道，去创造就好了，你创造成什么样，你的人生就是什么样。

我听到这个答案后顿感醍醐灌顶。没错，我们是谁，我们在朋友眼中是谁，朋友在我们眼中是怎样的，这都没有一个最终的答案。因为我们的人生每时每刻都在变化中，上一秒刚和朋友分别，下一秒我们的生命就又变化了，可以说我们已经不再是见面时刻的我们了。

所以，"核心资源"这个板块的答案也是在不断变化的。

我们可以尝试从3个方面来思考"我是谁"：兴趣、技能和个性。

兴趣是在从事某种活动时展现出的积极态度和心理倾向。简单说，让你感到兴奋和心跳不已的事情，就是你的兴趣所在。例如，我有一位学员非常喜欢兰花，立志要把家乡的兰花文化发扬光大。你的兴趣也可以是看书、收拾房间、画画、跑步、给孩子读绘本、写文章和品尝美食等。把你的兴趣写在表格里，选出最感兴趣的几件事。

当然，你可能会说"我对什么都没有兴趣"，或者"我曾经以为我感兴趣的是弹钢琴，可是还没上两天课，就失去兴致了""我曾经以为我喜欢养花，可我买的花都被我养死了"等。所以，关于"你究竟对什么感兴趣""如何找回失去的兴趣"，我已经在这本书后面的章节中为你备好了答案，容我们稍后详细探讨。

技能包括与生俱来的天赋能力，还有后天反复实践习得的技能。**天赋**可以让你在做某件事时比别人轻松，就像有的人天生空间和方位的感知能力就很强，有的人很有乐感，有的人很善于洞察和沟通；**技能**就是我们后天经过练习达到熟能生巧的能力，例如我们学会的电子制表、画图、编程、财务分析、外语、写作和演讲等。

个性主要是体现内在个人特征的因素，比如情商高、勤奋刻苦、性格开朗、活泼可爱、沉着冷静和温暖亲切等。如果你不知道该如何判断，可以想想别人经常是如何评价自己的，自己又觉得自己是一个怎样的人。

说明一下，这里所讲的个性，不是日常生活中我们常听到的"你看他好有个性啊"里的"个性"。

核心资源的第二个小问题是：**我有什么？**

这个问题的答案包括知识、经验、人际关系，以及其他有形和无形的资源或资产。

例如，在某个领域深耕多年，知识和经验非常丰富，或者有很广的人脉，担任过 500 强企业的管理者，有行业的资格证书，有粉丝数多达千万的新媒体账号，出版过几本书，开过一些课，去全球很多个国家旅行过，有民宿、汽车和家人的某些助力等。

想想看，你有什么？把它们写在表格里。无论你是否能够立刻想起凭它们变现的方式，都要写下来。

我有一位学员，特别喜欢心理学，喜欢心灵疗愈相关的内容。在我帮她梳理时，她才想起她有一栋房子一直空着，不知道怎么用起来。我问她，你有考虑过做一个心灵疗愈的民宿吗？她眼前一亮，说："对啊，我怎么没有想到！"

现在，你可以暂停阅读，拿出一个本子，尝试描述一下你都有什么核心资源。

(2) 关键业务

对企业来说，关键业务是企业为了维持商业模式的运营所必须实施的活动，基本上包含了产品的生产、销售，以及所有支持性活动。也就是说，关键业务并非完全是为客户提供价值所做的工作，也包含了其他维持组织运转而必须完成的工作任务。

就像有的培训机构，其赢得付费客户的方式是开展大量的公益直播和开设体验课，或者精心运营社群、组织大型论坛等。这些并不是直接交付给客户的产品和服务，对企业来说，为了实现转化而通过宣传和体验课等扩大知名度、提升口碑，进而获得用户流量，对用户进行精细化的维护和跟踪服务等，都是关键业务。

假设这家公司就只有你一个人，那么这些就都是你的关键业务。也就是说，转换到个人发展角度来说，你要做的是什么，什么就是关键业务。

"你要做的是什么"取决于你的"核心资源"——你是谁，你有什么。

拿我自己举例子：在高三毕业那年，我就对我们班主任说，十年之内，我要出一本书（很惭愧，我的第一本书真正上市时已经过了十年之约）。五年前，在最低谷时，我又想起了这件事，到现在我都记得突然有了可以为之努力的梦想时，心里是多么激动。

后来，我读了更多的书，从作者的字里行间探索他们的写作方法和思路，积累素材、提炼我的价值体系，通过论坛和课程分享的形式验证体系的正确性和效果，又通过认识的和不认识的朋友结识了许多出版社的主编，获得了沟通选题的机会。第一本书是讲事业中的跨界，我还和很多知名品牌沟通合作创新，为这本书设计跨界合作、配套的知识地图、系列课程、配套的案例和表格清单、配套的跨界资源社群、一对一咨询等作为支持。

所以，学习写作、建立连接、积累素材、签约、写作、设计体系、营销创意、视觉设计、讲课、咨询，就是我在写书这件事上的关键业务，这就是为了完成出书这件事我要做的事情（当然，并不是所有的作者写书时都需要如此）。

它的背后逻辑包括我是谁，我想成为怎样的我，我现在拥有什么，我还缺少什么，我想做成什么样，我能做什么，我需要做什么。一切都是为了最终实现我们的价值和目标。

遗憾的是，很多人不清楚自己要做什么，要么无从下手，要么天真地想当然，要么缺东少西，要么只看到了眼下的一亩三分地，徒劳无功。因此，如果你不知道你需要做些什么来实现你的价值服务，可以采用我在《跨界力》中分享的"导演模型"①或者本书第 6 章的"个人品牌 9 大体系"，你很快就能梳理出来你要做的关键业务。

现在，你可以暂停阅读，尝试在你的本子上描述一下你的关键业务都有什么。

(3) 客户群体

企业的客户群体就是企业需要服务的对象，有付费和免费之分。企业的客户有时候并不一定是享受服务的对象。就像我去企业讲课

---

① 导演模型，指的是你可以把自己当作导演，把整个项目的关键业务整体"导演"一遍，也就是站在用户的角度走一遍流程，然后倒推出来需要为组织和合作方提供什么样的支持和服务。

时，企业是我的客户，它们支付我费用，但是享受我服务的却是企业的员工、经销商或者企业自己的客户。

对我们个人而言，我们的客户就是我们能帮助的那些人。

对上班族来说，公司就是我们的客户，因为公司向我们支付薪水，我们通过提供自己的价值服务（技能、创意、资源和时间等）来获得收入。唯一需要拆分的是，公司这个客户不是一个"人"，在提供价值服务时，接受我们服务的并不是单一的对象。换句话说，此时的客户群体里既有我们要直接面对的外部客户，也有企业内部需要我们帮助的人，如上级、下级和跨部门同事。

举个例子，对营销和销售人员来说，客户就是这家企业的客户以及这家企业本身，企业的外部客户提供了业绩，企业的内部客户提供了完成业绩所需要的支持。对支持性的部门（人事、财务、IT、行政、培训等）来说，客户主要是企业内部的跨部门同事和上下级。所以，内部管理岗位本质上依然是服务部门。

2009 年，我在可口可乐公司的财务部轮岗，负责稽核工作，每天都要审核一摞又一摞的单据，看起来挺枯燥的，但是我做得不亦乐乎。我在报账流程上做了创新，减少了需要签字的领导的工作量。有时我还主动给报账人打电话，询问他们的报账金额是否填少了（你没听错，我不是问他们是否报多了），这一举动使得一线销售人员对财务工作的认识有了 180 度的改观，我也因此得到了管理层的赏识和更多的项目机会。

现在想来，我是无意间把流程中要签字的领导以及报账人都作为我的服务对象看待，所以才会站在他们的角度去服务他们，从未觉得这是种烦躁无聊的工作。

那么，没有工作的全职妈妈们的客户是谁呢？

是伴侣、孩子、老人和自己（可能很多人都忘了还有自己）。她们用自己对家庭的爱和在一件一件琐事上的付出，来服务家里的每一位成员。

很多人在陷入迷茫和遇到低谷时，会觉得自己一无是处、毫无价值。在离开职场多年后，有的全职妈妈会觉得：曾经会的现在是不是用不上了？企业现在需要的能力自己是不是没有了？然后陷入焦虑和不自信的状态。

来，让我告诉你一个事实。

能够做好全职妈妈的人，都是一个强大的项目管理者。她们要同时处理又多又繁杂琐碎的事件（其中还有很多是突发事件），还要照顾好家人的生活和情绪，照顾好孩子的学业发展，让不同身份和角色的人满意和和谐。与此同时，有的妈妈还在不断学习、分享和挣钱。这并非一件容易的事，但是很多全职妈妈就能够做到，且做得非常出色。

如果你是男士，真诚地邀请你重新看一眼身边的超级管理者，她不是一个家庭妇女，而是一个温柔而强大的女战士。

其实，想明白了我们的服务对象，无论在职场中还是在生活中，我们都能更好地找到自己的角色和位置。

现在，你可以暂停阅读，尝试在你的本子上描述一下你的客户都有谁。

(4) 价值服务

企业的价值服务，就是企业为客户群体提供的产品或者服务，换句话说就是为客户解决的问题或满足的需求。例如，外卖平台的价值服务是解决人们没有时间和条件做饭，或者不想做饭的问题；心理咨询室的价值服务是帮助人们解决心理困扰，让人们快快乐乐地生活；

饭店的价值服务是提供美味、卫生和健康营养的美食。

你去过动物园吗？动物园的价值服务是让人们看到活生生的动物。我已经多年没去过动物园了，在我的印象中，每次去，我想看的动物总是看不到，它们要么躲在房间里不出来，要么在远处睡觉。后来，有些动物园就借助自媒体平台分享动物们的日常，这个举措一下子就吸引了很多粉丝。

所以，你得知道你的客户想要的究竟是什么，你可以如何满足他们。一种方式不行，有没有另一种方式？

切换到我们个人角度来说，价值服务就是"我可以怎样帮助他人"。

我们以我们承担的最明显的两个角色举例：工作中的角色和家庭中的角色。

从工作的角度来说，价值服务是什么呢？

很多人习惯性地认为自己的 KPI（关键绩效指标）就是自己的价值服务，因为完成 KPI 才有工资拿嘛。事实上，**你的价值服务，是对别人有价值，同时也让你有"价值感"的事情，这与公司制定的 KPI 无关**。这是你对这份事业的热爱，也是你区别于他人的特质所在。

举个例子，如果你是一位出版社的编辑，你觉得你的价值服务是什么呢？

你会不会想说，是帮助作者完成图书的编辑和出版？

来，不妨换个角度。如果你问作者，他们希望你能够帮助到他们的是什么，你猜作者会怎么回答？你一定猜得到，作者会说："尽快完成图书的出版，还要大卖呀！"

没错！这就是你的价值服务，这是每一位作者都殷切盼望的，也是只有你才能帮助他们完成的非凡价值。而完成出版流程，只是你的关键业务，而非价值服务。

我在写第一本书时，认识了一个主编，他特别有想法，从选题沟通开始，就提出了很多自己的策划想法和建议，然后非常积极主动地推进后面的流程，遇见问题总是很快就提出解决方案。遗憾的是那本书我们没有实现合作，但他依然热情地为我推荐他在出版界的朋友，并给予我很多专业的建议。当时我就非常坚信他的未来一定会与众不同，而且我很坚定地希望能够和他合作一把。现在，我想很欣喜地告诉你，如今，他成了我这本书的主编。

对不同的作者来说，出书的意义也不同。

有些书的出版是为了实现作者个人的价值增量或者多元化发展，这样看来，如果出版社可以将"帮助作者实现价值增量或多元化"视为自己的价值服务，那么恐怕可以合作的就不仅仅是一本书的出版了。很多作者的能力非常多元化，不仅能写书，课程也讲得很精彩，他们还能做咨询、开直播、做社群、办论坛等。从这个角度来说，作者与出版社的合作，就不仅仅是书了，双方还可以合力创造更大的价值。

一位出版人与我聊过他的一个观点：出版不仅是出版一本书，更是打造一本书的 IP，打造作者的 IP，要针对这个 IP 做一系列的布局和策划。书只是整体策划中的一个环节而已。

我非常认同这个观点，我也是这样做的。我的粉丝可以在书中读到我的系统的思想，在直播间看到我的真人，在社群里受到我的关怀、得到我的陪伴，在咨询中得到我的赋能指导，在论坛中近距离地感受到温暖的能量，在课程中深入学习，在合伙人项目中和我一起共创"发光计划"、帮助身边人成为发光的自己，成就有光的身边人。

你看，这里面一系列的"关键业务"，没有一个是单独存在的，它们全部都可以相辅相成。我对我的粉丝和学员的价值服务，就是帮助他们摆脱迷茫、突破卡点、成为发光的自己。

所以，你是在做眼下的事，还是在通过做眼下的事来实现你的个人价值和人生的意义？

事实上，我们并不仅仅是在帮助他人，发现自己的价值也会带动我们的热情，激发我们的创造力，而这些最终都会带来我们能力的提升和兴趣的再度增加。

当然，好处还不止这些，客户会越来越喜欢你、信赖你，你的口碑会越来越好，你的个人中心度①会逐步提升，核心资源也会越来越雄厚。你会发现，这是一个无限的正向循环。

想一想，我们究竟能怎样帮助他人？我们的价值究竟是什么？像"我们该怎样完成工作"这样的事情，只是关键业务而已。

现在，你可以暂停阅读，尝试在你的本子上描述一下你的价值服务是什么。

(5) 渠道通路

对企业来说，渠道通路就是我们经常说的"营销过程"，包括企业通过什么方式了解到市场情况，如何让客户了解到产品，客户从哪里可以买到产品，企业怎样完成交付，又怎样完成售后服务等。

对个人来说，渠道通路就是，如何让别人了解到你的价值，你如何交付你的价值。

举个例子。上班的人通常是通过简历让公司初步了解到自己的价值，然后通过完成工作来交付价值。此时，请你想想猎头是怎么挖人的？除了从海量的简历库中搜索，他们还经常用两种方式，就是推荐和挖掘。而这两种方式，都需要你具备一个因素，就是影响力。

---

① 关于个人中心度，详见本书第6章第2节体系9。

所以，让更多人了解你的价值的方式，除了简历，还包括打造属于你的"里程碑"事件，或者你可以称之为"经典案例"。你也可以成为业内某个领域的资深人士，打造你的个人品牌。想想看，如果你经常受邀到各种论坛上做分享，如果你写过该行业的相关书，你打造过某个经典案例，那么你一定是猎头眼中的宝藏。

新的问题来了。你有没有发现，有的人已经不愿意成为公司的全职员工了呢？他们不想被公司束缚，喜欢自由自在的工作方式。

我有一个朋友，非常有创意，他做策划总是能有很多奇思妙想。于是，工作之余他经常接到各种策划和设计的订单，副业的收入远远超过工资。本来一切很好，结果有一天，公司调来了一位新领导。新领导较为保守，他的创意总是无法施展，于是他选择辞职，成了一名自由职业者，时间更自由，而且找上门的客户都是追求创新的客户，他工作得也很开心。

你看，新领导的调任导致他原本的渠道通路受阻，调整渠道通路后，职业生涯就再次开启了。

你发现了吗？调整好渠道通路，别人眼中不可接受的缺点反而能够成为你的优势。

现在，你可以暂停阅读，尝试在你的本子上描述一下你的渠道通路都有哪些。

(6) 客户关系

我们知道客户关系无比重要，那么你有没有思考过这样几个问题？

- 我们与客户究竟是怎样的关系？是单纯的买卖关系，还是较长期的供应关系、认知一致的合作伙伴关系、愿景一致的战略联盟关系？

- 客户想要的是怎样的关系？是个性化、自动化的还是自助式服务？是单次交易还是订购式服务？

- 我们有没有去创造或者维护这段关系？有没有做客户分类和精细管理、消费数据统计和分析？有没有策划关系维护方案？

- 这段关系的目标和初心是什么？是吸引新客户、建立信任、维护老客户，还是激发老客户的再次消费？

有一个朋友自己开瑜伽工作室已经多年，前阵子我们约在她工作室聊天。她的场地很好看，她和工作室的瑜伽老师也都是资深的专业老师，但是工作室的利润却只够维持正常运营。我觉得很奇怪，细聊之下才发现一个致命的问题：

她几乎不与她的客户进行深入的交流。

包括她自己带的学员在内，上百位学员，她能记起名字、偶尔联系的人不超过 10 个。幸运的是，细聊之后，她突然意识到，那些经常帮她转介绍新学员的老学员，就在这几个被她记得名字的人中。

于是，我建议她对客户进行梳理，可以从最简单、好操作的方式开始。例如，通过试听课、团购券、跨界合作和老带新等模式来拓展新客户，通过一对一的客户关怀、具有附加价值的主题活动、资源福利来维护老客户。

这些方法在我另一个朋友开的瑜伽馆里全都一一实验过，是实际效果非常好的组合拳。其中，仅仅跨界合作一项，就为她带来了几百个精准、真实的新客户和几万元的销售业绩。

放到个人发展上来说，也是相通的。

- 你是怎样和客户群体打交道的？是电话沟通、见面沟通、微信沟通，还是基本不沟通？
- 合作关系是怎样的？是一锤子买卖，还是持续性服务？
- 你的目标是拓展更多的新客户还是维持老客户？
- 客户希望和你有怎样的关系和交集，希望得到怎样的支持？

在我从事心理咨询的前几年，一个朋友曾经把我推荐给了一个情感咨询机构，合作线上直播，概括来说，就是进行心理主题的直播和在线咨询。刚开播不到 5 次，我收到了一张贺函，我居然登上了他们平台当月前三名的榜单。我和那位朋友都感到很惊喜，也很希望能够用心地做下去。

但情况急转直下。我们的工作对接群内进来了几个新的对接人，他们时常在下午 4 点左右在群内发一则消息，要求 5 点前提交某项数据或资料，或者立刻核对他们从后台导出的统计数据，若未按时回复，则视为数据作废或对统计数据无异议。

有一次，我看到了数据中有很大的误差，就一一标注出来，并建议我们之间直接通个电话，沟通更高效。令人费解的是，他们更愿意在群里一句句地打字，一遍遍地发系统里的截图，不厌其烦地重复一句话："接受这个数据的话回复'OK'就好。"

那一次，我明白了，他们只是希望得到一句"OK"，然后交差。数据是否有问题，客户的疑问是否得到了解决，完全不重要。

看出来了吗？我们对彼此的合作关系是有认知偏差的。说直接点儿就是，在这几位新人看来，我只是全网众多主播中的一员而已，他们高我们一等。而我却认真地以为，我们是在共同做一项有价值且值得尊重的心理服务。

我对我的那位朋友说，我要终止合作了，因为我感受不到合作伙伴对工作的认真和敬畏。

半年后，我收到另一个心理平台的邀请，以心理成长为主题进行直播分享。负责对接的老师非常认真和谦和，他提前两周就把系列的直播计划制订了出来。

有一次我因为修手机，回复她信息晚了一天，她发了很长的信息向我道歉，误以为我因为她回复我消息慢而生气了，很是可爱，更是可敬。之后，我发现她经常忙碌到凌晨，于是我就经常提出一些想法，提供一些可以支持她的资源，她都会很积极地回应和沟通。

前几天深夜，她告诉我她的状态特别不好，想离职创业，我陪她一起聊，给她方法给她信心。次日深夜，我又发私信关心她的状态，商量有哪些地方是我能支持到她的创业项目的。而她很热心地给我对接了很珍贵的资源，我真的是很感动。

你看，这就是很好的客户关系。

这很明显地告诉了我们两个真相。

第一，你是怎样看待这段客户关系的？对方是怎样看待你的？这两者是否一致？这是客户关系中很容易被忽略的一个平衡点。

第二，客户关系的好坏一定程度上决定了合作的深度和时间长度。

现在，你可以暂停阅读，尝试在你的本子上描述一下你的客户关系是怎样的。

(7) 重要合作伙伴

所谓重要合作伙伴，就是那些能保证整个商业模式有效运转的人际关系（合作关系）。举个例子，服装厂需要与优质的布料和配饰供应商合作，他们没办法把布料、拉链、扣子的生产都自己做完，尤其是其中带有自己品牌特性的一些原材料，更是重中之重。一个公司不可能拥有所有的资源，独自完成所有的环节。

不知道你记不记得有一个产品的广告语是这么说的：精选巴西针叶樱桃。这一句话就暴露出了这个公司的重要合作伙伴，就是巴西针叶樱桃的原产地供应商。

对个人而言，重要合作伙伴就是那些支持我们的工作、帮助我们顺利完成任务的人。他们提供的有可能是非常重要的资源，也有可能是对我们的情感支持、给我们的重要建议和成长机会。我更愿意称呼他们为我们人生中的贵人，他们是在我们人生的转折期和重要时刻出现在我们身边，为我们牵线搭桥、提供指引和力量的导师、同事、家人、朋友，也可以是某个陌生人。

前两天我的一个姐妹来家里找我，说她想从事整理师工作，然后和一些整理师一起合作接客户。你看这就是一种特别节省初期运营成本的做法——只要制定好规则，把控好交付给客户的作品质量就可以了。这样的模式，在整理师、家装、泥瓦工、策划公司等许多领域都存在。对这位姐妹而言，这些具备不同技能的优秀整理师能帮助她顺利完成客户的任务，他们就是她的重要合作伙伴。

那么，一个陌生人会成为我们的重要合作伙伴吗？

2017 年，我们要组织第二届 LADYDONG 全球视野女性论坛，主题是"趁势而为"，我们非常希望能邀请畅销书《趁势而为》的作者、美国洛杉矶前副市长陈愉（Joy Chen）女士做分享，于是我联系了她的经纪人——他山石智库的姚兰。一通电话过后，她爽快地答应了。我到现在都记得挂完电话回家的一路上，我的嘴巴都是咧开的，身体里的那种幸运感、激动感藏都藏不住地往外扑。

不可思议的是，在大会结束后，时隔半年之久我才有机会去北京和 Joy 的经纪人见面。我这位重要的合作伙伴，就是一位特别的"尚未谋面的陌生人"。

在我的生活中，这样的合作和信任是经常发生的。我很感激那些单凭我的声音和我讲的话就愿意相信或者喜欢我的新朋友。对我来说，这是一种极大的幸运和幸福，也总是在我能量不足时激励着我，让我真实地感受到在茫茫人海中，自己是被需要、被看见和被信任的。

在心理学中，这种关系之中的连接感能够触发人们的幸福感、安全感和自信心，更是焦虑、抑郁和迷茫等负面情绪的解药。所以，拥有一份和谐而相互信任的重要合作关系，会让我们如沐春风。

延伸一点，从家庭角度来说，我们的家人也是我们的重要合作伙伴，因为我们共同维持着整个家庭的温暖和良好有序的运转。你有没有想过，你生命中出现的重要合作伙伴都有谁？

现在，你可以暂停阅读，尝试在你的本子上描述一下你的重要合作都有哪些。

(8) 成本结构

对企业来说，成本就是企业维持正常运转的一切支出，包含员工工资、房租、硬件设备成本、生产成本和运营成本等。

对个人来说，成本就是你的所有付出，包含你的时间、精力、金钱、情绪和信誉等。

举个例子，一名咨询师的成本包括时间成本、不断提升专业技能的学费、工作室的房租、硬件设施费用、咨询助理的工资等。由于咨询师在咨询过程中需要消耗大量的能量，所以还要包含能量成本。

世界上有一种工作特别不容易，那就是客服人员，尤其是处理投诉事件的客服人员，他们每天面对大量的负面情绪，承受着巨大的情绪压力、工作压力。以 24 小时客户服务热线的工作人员来说，夜班工作人员时常日夜颠倒，生物钟的紊乱会影响身体的健康，对他们而言，成本中还要包含一项健康成本。

在选择你的事业方向时，你究竟需要付出的是什么？除了工作上的成本，是否还有你的生活、你的身体、你的情绪、你陪伴孩子和家人的时间、你和家人或某个重要人物的关系和你的未来可能性？

有一天中午，我接到一位学员的电话，电话那头哭得很难过。"佳韵老师，我不知道该怎么办？要不要辞职？"我以为是工作中出了什么变故，细问之下才知道真相。

她说："我现在的工作待遇很好，薪资非常高，几乎是不缺钱。但是，自从做了这个工作，我和我老公的关系越来越远了，现在连我父母都开始责怪我。今天他们说，家里就当没我这个人。我特别难过。"

拿着如此高的薪水，可她付出的成本也非常大，不仅是更多的时间、精力、体力成本（她经常出差），更有关系成本。她的父母和老公都埋怨她工作太忙，一个月在家的时间屈指可数。所以，我们在选择一项事业时，一定要看到除了工作本身之外，是否还隐藏着需要我们付出的其他软性成本。

举个例子，有一个朋友从分部调任到总部工作之前，问我要不要去。她很清晰地分析道，到了一个新的城市，她的人脉为零，一切要重新开始，她要承受心态上的"失落感"，而且她在总部是个新人，"归属感"也会突降，这些是情绪成本。此外，在新的城市需要租房子，房租和交通都增加了生活成本；对于新的岗位，她需要快速进入角色，要用更多的时间来完成快速成长，可能同事都在过周末，自己却需要补课、赶进度，这是时间成本。这些成本都会因为岗位的调动而增加。

现在，你可以暂停阅读，尝试在你的笔记本上描述一下你的成本结构是怎样的。

(9) 收入来源

从商业角度来看，收入来源就是企业赖以获得收入的那些价值服务。例如，水果超市靠销售水果获得收入；租车公司靠租赁车辆获得收入；投资公司靠所投资项目的盈利分红获得收入；视频网站靠订购VIP会员卡、广告费用等获得收入。

对个人来说，收入来源就是你能获得哪些收入，包括你的金钱收入和你的其他收获（你的成就感、满足感、价值感、个人成长和影响力等）。

前面的"渠道通路"中提到的那个很有创意的朋友，他在职期间的收入来源有两个部分：工资收入和副业收入。成为自由职业者之后，他的收入就不再包括工资收入，而是只有项目收入。

我有一个做家庭教育的朋友，她每年都能营收过百万，但是她并没有开公司，只是一位自由职业者。她的收入来源很多，一方面是咨询费、课程学费；一方面是她被邀请做分享的费用。除此以外，她还有投资理财的收入、写书的稿费，有时候她帮忙对接一些资源或者推广一些别的老师的课程，也有佣金收入。

你看，这个朋友的收入来源就是多渠道的。用她的话说，她现在挺舒服的，不需要每天打卡，从早到晚地工作，时间完全自由支配，能照顾到她的孩子，还能做自己认为有意义的事业，每次帮助到一个家庭，她就会多一份成就感和使命感。对她来说，她收获的不仅仅是金钱，还有心灵的滋养。

你是否有考虑过你的收入来源都有哪些呢？一旦发生了变故，你的收入是否会受到影响？现在这个时代，黑天鹅事件和灰犀牛事件越来越多，如果我们想要生活得自在，就需要具备强大的反脆弱力，表现在收入上，就是你需要有多渠道的收入来源。

现在，你可以暂停阅读，尝试在你的笔记本上描述一下你的收入来源都有哪些。

以上就是个人商业画布的 9 个板块的内容，我们总结一下，如表 2-1 所示。

表 2-1　个人商业画布解析

板　　块	以商业模式为例	以个人模式为例
核心资源	组织机构创建和交付服务所需的资产	我是谁，我有什么
关键业务	组织机构创建和交付服务所做的具体工作	我要做什么
客户群体	组织结构的服务对象	我能帮助谁
价值服务	组织机构为客户解决的问题或满足的需求	我怎样帮助他人
渠道通路	组织机构沟通和交付服务的不同方式	怎样宣传自己和交付服务
客户关系	组织机构与客户建立和维持的不同关系	怎样和对方打交道
重要合作伙伴	需要外包或从组织外部获得的合作支持	谁可以帮我
成本结构	组织结构获取核心资源、实施关键业务、展开重要合作时产生的费用	我要付出什么
收入来源	企业赖以获得收入的那些价值服务	我能得到什么

这里分享一个使用技巧给你：这张表，你不仅可以用于商业运营分析、个人发展分析，还可以用在你的家庭及情感关系的分析中。同时，你还可以以两种角色来填写同一个表格，由此你可以看到这两种角色是否有冲突的地方，从而发掘造成你现在卡点的真正原因。

建议你尝试一下用两种颜色的便笺，用一种颜色记录你的事业角色，用另一种颜色记录你的家庭角色，然后细细观察，看看你发现了什么。

第 2 节　洞察 2：一张图看清藏在你人生中的秘密

只缘身在此山中

我有一个朋友在某市广播电视台做主持人，有一天我们聊起个人发展，她对我说：

"佳韵，我一直特别关注你，这么多年，你一直都在做自己想做的事，我挺羡慕的。我也很想像你一样做些事情，可是我不知道能做点什么，感觉自己没什么会的。"

我们先来做个调研。

- 你觉得她真的什么都不会吗？
- 你觉得她有什么擅长的地方？
- 你觉得她有可能拥有什么独特之处或者资源优势？

在咨询中，我发现在一些迷茫的人身上，时常存在一种"三不知"现象：

喜欢什么？不知道。擅长什么？不知道。想做什么？不知道。

现在，我要再增加一个"不知"，那就是"自己有什么？不知道"。

事实上，很多人在梳理个人商业画布时，总是想不明白自己有什么。他们总是卡在第一个板块：核心资源。我时常被这样的问题惹得很心疼。

"老师，我不知道我有什么，我觉得我什么都不会……"

"老师，我也觉得这个事情特别好，可是我没有背景，也没有经验。"

事实上，他们并非自己所描述的那样什么都不会，什么都没有。他们中很大一部分人，有着令人羡慕的事业，有着令人可望不可即的生活。

举个例子，在我们的跨界品牌联合会中，每一位报名的品牌负责人都需要提供一份自我介绍，方便和大家更快熟悉和连接，其中有一项就是："你愿意提供的资源是什么？"

直到后来我才发现一个真相：

原来，并非所有身居高位的人都很清楚自己的优势和资源。可在我眼中，他们身上的资源，却真真实实地肉眼可见。

曾经有一位品牌负责人在第一次参加我们的活动时就卡在了这个环节。我问他：你愿意提供你们的产品作为赞助吗？你愿意和大家一起共享你们的粉丝吗？你愿意用你们的场地和大家一起联合做活动吗？你愿意让你们的自媒体平台在合作时为大家发布宣传信息吗？你愿意把你们校园渠道的资源共享，带着大家一起进校园做活动吗？

"愿意的啊。"

"这些就是你的资源啊。你们在全国有那么多家分店，公众号上那么多的粉丝，你们还有产品和周边礼品，还有你们特殊渠道上的资源。"

他恍然大悟，原来如此。活动当天，他对接到了很多合作。

回到我的那位朋友，作为一名在广播电视台工作多年的主持人，你觉得她真的没有优势，没有资源，没有能力吗？

怎么可能呢？

那么，为什么很多人和她一样，看不到自己有什么呢？

用宋代诗人苏东坡的一句诗来解释，再形象不过了："不识庐山真面目，只缘身在此山中。"社会心理学家把这种难以正确认识"自我"的心理现象称为"苏东坡效应"[①]。

有的人明明很优秀，却看不到自己的优秀，倾向于低估自己，甚至总是觉得自己一事无成、毫无价值，无法发挥自己的优势，只能被动地按照别人的意志过一生。

有的人明明很普通，却觉得自己光芒万丈，倾向于高估自己。这样的人很自信，如果把优势发挥得好，绝对会成就一番事业。但是发挥不好的话，就会导致众叛亲离。想想看，谁会愿意跟一个不切实际、天天自大吹牛的人在一起呢？

发现真实的自己

那么，怎样才能发现真实的自己呢？

美国著名社会心理学家约瑟夫·勒夫特（Joseph Luft）和哈林顿·英格拉姆（Harrington Ingram）提出了乔哈里视窗（Johari Window）理论。

这个理论根据自己是否知道、他人是否知道对自己的信息进行分类，从而把人们自我意识的发现水平区分为 4 个象限，如图 2-2 所示。

- 公开象限：自己知道，他人也知道的信息。
- 盲点象限：他人知道，自己不知道的信息。
- 隐私象限：自己知道，他人不知道的信息。
- 潜能象限：自己不知道，他人也不知道的信息。

[①] 苏东坡效应有 3 种典型的表现：不屑认知型、片面认知型和随意认知型。这一节我们讨论的问题，大多属于片面认知型。

	知道 ←	自己	→ 不知道

知道 ↑
他人
↓ 不知道

开放区	盲点区
公开象限	盲点象限
隐藏区	未知区
隐私象限	潜能象限

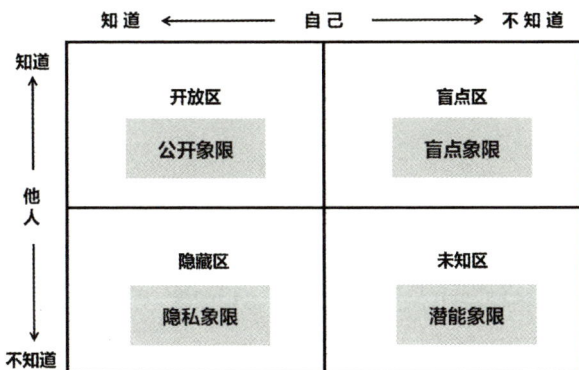

图 2-2　乔哈里视窗

　　乔哈里视窗是动态的，我们通过个人的成长就可以改变这 4 个象限的分布比例。

　　约瑟夫和哈林顿认为，一个人要取得事业的成功，要生活得好，就要扩大公开象限。我们现在常提的"个人影响力"也是如此，扩大我们自己的公开象限，影响力才会越来越大。

　　隐私象限越小越好，盲点象限和潜能象限最好没有。只有这样我们才能由保守的、防卫的、封闭的自我发展为开放的、协调的自我，更好地适应社会，更好地建立和谐的人际关系，更好地发展自我。

　　"不知道自己有什么"，这就是我们的盲点和潜能所在。盲点象限和潜能象限的共性是"自己不知道"。因此，要无限地缩小这两个象限，核心关键就是扩大"自己知道的"的范围。

　　怎么知道更多呢？下面提供几个好上手的小方法。

(1) 记录优势清单，自我觉察，反思复盘

　　这里一定要"敲黑板"提醒你，这里的反思复盘不是让你再去频繁地反思自己哪里不好，而是去反思复盘自己今天哪里做得非常好，

或者今天之所以能解决事情，是因为自己的什么特质、天赋、能力、价值观和习惯等。

你可以尝试准备一个本子，作为自己的优势清单记录本，或者就只是记录在手机的便笺本中。把自己每周、每天的重要事件记录下来，尤其是自己感到有成就感的事件。请注意，是有成就"感"的事件，无论这个事件多小，只要给你带来了成就感，就都可以写下来。然后，每月做一次"月度复盘"，发布在你所参加的学习社群里，或者发布在朋友圈。这样累加下来，你就会看到每月的变化、每年的变化。

你还可以时常记录别人对你的正面评价和夸赞，在手机里建一个"表白"文件夹，把别人的这些夸赞截图保存下来。当你再自我怀疑时，就打开来看看，拉高自我价值感的效果非常显著。

你千万别小看这两个简单到毫无门槛的动作，我已经用了十几年，而且这两年我发现身边很多优秀的人也在用。我相信用不了多久，你就会发现"哇，原来我是这样的"，心里就像从庐山中腾空而起窥见了全貌一样痛快。

(2) 写下 20 个你，和自己对话

想想"我是谁"，然后在下面的空白下划线上填写你的答案，按照你头脑中出现的答案的先后顺序来填写。

① 我 _____。　　⑦ 我 _____。

② 我 _____。　　⑧ 我 _____。

③ 我 _____。　　⑨ 我 _____。

④ 我 _____。　　⑩ 我 _____。

⑤ 我 _____。　　⑪ 我 _____。

⑥ 我 _____。　　⑫ 我 _____。

⑬ 我 _____ 。　　　⑰ 我 _____ 。

⑭ 我 _____ 。　　　⑱ 我 _____ 。

⑮ 我 _____ 。　　　⑲ 我 _____ 。

⑯ 我 _____ 。　　　⑳ 我 _____ 。

这是美国心理学家库尼和马克帕兰德研究出的一种心理测验方法，叫作"Who am I"[1]。你可以每过一段时间就重新玩一次。你可以在空格中写上你是什么角色，你喜欢什么，你想要什么，总之，你想到什么就写什么。

写完之后，再回头看看你的答案。这个方法很有趣。你很有可能会发现一些很突出的东西，或者是连你自己都不曾意识到的东西。这就是真正被看见的你。

(3) 印象访谈——通过他人认识自己

由于人们在"苏东坡效应"下很容易产生"片面认知"，所以除了自我觉察和自我对话，还有一个方法可以客观地让你"知道自己是谁"，那就是通过"印象访谈"探索他人眼中的自己。

我有一个被很多学员惊呼"好用"的方法，无门槛，且时常会带来意外惊喜。

试着发个朋友圈吧，或者发私信给一些朋友，也可以写一些卡片亲手发给同事、领导。

例如，你可以这样写：

> 朋友们，在你们眼中我的优势和价值是什么呢？（这件事情对我而言非常重要，烦请认真地告诉我真相，不胜感激。）

---

[1]　来自日本作家原田玲仁的《每天懂一点好玩心理学》。

也可以这样写：

朋友们，你们通常会在什么情况下想到我呢？我在你们心中的印象是什么样的呢？（这件事情对我而言非常重要，烦请认真地告诉我真相，不胜感激。）

第一条是比较直接的调研方法，第二条则比较含蓄。

我还在职场中时，会定期写一些卡片给我的同事和领导（有时候也会发给跨部门的领导），有时还会采用发邮件的方式了解他们对我的印象，倾听他们的指导和建议。每次我都收获颇丰，而且不经意间还给人留下了谦虚上进的印象，基本上同事和领导都会很用心地回复我他们对我的真实感受。

现在，我会定期发朋友圈和私信。在我的建议下，我的学员也开始这样做，他们或高兴或感动或惊讶地对我说："佳韵老师，没想到我在大家眼中是这样的。"

在做"个人印象"调研时，究竟问谁才会比较准确呢？告诉你一个小技巧：问 3 类人。

- 熟悉你的人，例如闺蜜、兄弟、同事和朋友。
- 刚认识的人，例如刚刚加上微信的人、初次见面的朋友。
- 和你认识较久、经历过你的各种变化的人。

我有段时间在学习朋友圈文案和朋友圈美学。我同一时间学习了 3 位老师的方法，并且为了找到这个事情的本质和底层逻辑，每一种方法我都听话照做。1 个月后，我做了印象访谈。

我问了比较熟悉我的朋友，因为他们了解真实的我是怎样的，他们能看出来我如今的朋友圈是不是能反映出来真实的我。我也问了那段时间刚刚添加我微信的新朋友，了解在纯陌生的情况下，我的朋友圈会给他们留下怎样的第一印象。我还问了认识了一段时间的圈内朋友，他们知道我过去的朋友圈，也知道现在的朋友圈，能够给我一些对比感受。一番沟通下来，我找到了自己的答案，学习中的一些纠结也烟消云散。

为了让得到的答案更客观，建议你尝试从多个角度去寻找你的"访谈对象"。

(4) 生命线记录图——看到自己前半生的隐藏宝藏

你知道下面这个生命线记录图（图 2-3）有多么神奇的魔力吗？

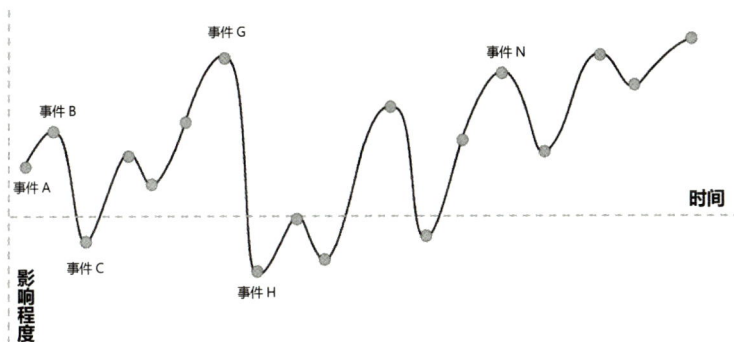

图 2-3　生命线记录图

我第一次在我的课程中给大家分享这个工具的时候，得到了下面这样的回应。

- 我从来没有如此静心地回顾过我的前半生。
- 我想起了很多连我都忘记的事情。

- 我没想到这么多年我居然是这样过来的。

有的人把孩子哄睡了，大半夜趴在桌子上画生命线记录图，一边画一边流泪。他们想起了很多往事，想起了当下正在经历的有些事。我记得很清楚，第二天，我接到了 3 通哭泣哽咽的电话，都是因为这张图。

探索生命线中的隐藏信息

现在，我把绘制你自己的生命线记录图的步骤分享给你。

请拿出一张 A4 纸、一支笔（再准备一支不同颜色的笔更好），准备好一个放松、安静和不被打扰的空间，深呼吸 3 次（身体放松，闭上眼睛，鼻子深吸气，嘴巴缓缓吐出，注意力关注在气流在鼻腔和口腔的流动的感觉），让内心安静下来。仿佛你正在穿越你自己的生命时间隧道，眼前如电影般一幕幕浮现的是你的前半生。

第一步，画出你的生命线。

画出横轴和纵轴，横轴代表时间，纵轴代表影响程度。然后，回想一下过往生活中对你产生正向和负向影响的事件，在回忆上述事件时，时间尽可能久远一些，然后把这些事件按照时间顺序和影响程度在坐标轴上用圆点标示出来。

在横轴上方标记对你有正向影响的事件，如考上大学、获得奖学金、在比赛中拿到大奖、到梦想的企业工作、升职加薪、恋爱、结婚、生子、旅行、出书、参加某个学习、认识某位榜样人物等。在横轴下方标记给你带来了负向影响的事件，如分手、离职、换到陌生的城市生活、被批评、亲人离开、投资失败等。

事件的类型可以包括工作、社交、情感、爱好、学习经历、健康情况、成长的骄傲或挫折、精神追求、城市转换、结婚生子、某件特别的事情等，范围不限，只要是给你带来了强烈的感受和情绪的事件即可。

这里一定要注意以下两点。

(1) 我们要标记的是对你有影响的事件，而非"有影响力"的事件。也就是说，一件事情无论大小，无论对社会或者他人的影响力有多大或多小，只要对你而言是有影响的，就标记上去。例如，家人的一句话伤害到了你，让你受伤了 20 年。这样的事情很小，但对你的影响很大，那它就是重要的事件。

(2) 这些事件究竟属于正向影响的事件还是负向影响的事件，以你自己的感受为准。例如，离职对大多数人来说可能是一个有负向影响的事件，但若是你早就想离开某个令你痛苦万分的工作，那么离职就意味着你终于可以离开了，会让你宛如获得新生。这样的事件对你来说就是有正向影响的事件，可以标记在横轴上方。

接下来，就在纸上用圆点标记出你记忆中的这些重大事件，然后在旁边附上简单的说明。你可以从图中最左边开始记录，一直向右延伸到现在的状态，然后用一条线把所有圆点连接起来，你就得到了一张你过往的生命线记录图，它是一条曲线。

第二步，描述事件。

用一两句话简单地对图中的事件进行说明，你会从中发现你的优势、兴趣、技能、价值观，发现为你带来职业满足感和生活幸福感的因素。

你可以用动词来描述，例如"我组织过……""我操盘过……""我领导过……""我设计过……""我参加过……"。然后，指出事件发生的背景，也就是活动的地点和主题，以及你获得的结果和你的感受等。

例如，我在毕业时收到了企业的录用通知，那就可以这样写："我毕业时收到了 5 家 500 强企业的录用通知，自己拥有了选择权，特别开心。"

第三步，分析事件。

现在，你前半生的重要影响事件已经出现在了纸上，看到你生命中的起起伏伏，你是什么样的感受呢？请另找一张纸记录下你此刻的感受和发现。

例如，在乐乐的生命线记录图中，几乎所有的事件都在横轴以上，这说明她的生活很顺遂；在忧忧的生命线记录图中，从一次转折开始，所有事件就一直在横轴下面，仿佛一直在潜泳一般；阳阳的生命线虽然曲折，但一直呈现曲折向上的态势，这说明她的反脆弱力很强，仿佛是弹性球，越弹越高。

用心地画一画，拿着画好的图，静静地看一看，回顾一下你的"人生电影"，当一幕幕呈现在你眼前的时候，那些酸甜苦辣、喜怒哀乐都会涌来。

一定记录下你在回忆这些事件时心里涌起的感受，这一点很重要。

然后，逐一分析这些事件的"隐藏信息"。怎么分析呢？

首先，分析共同点。

分析这些产生正向或负向影响的事件中的共同因素。

例如，我有一位学员，她很迷茫，找不到自己的优势，于是我给她布置了一个生命线记录图的作业。1 周后，她拿着图来找我，从图上能很清晰地看到，她的 4 次高潮事件，1 次是结婚，3 次是在不同的新单位拿到了销售奖励。

这说明了什么呢？

至少说明了她的销售能力很强，适应新环境的能力也很强。

接下来，我请她深度聊了聊这些高潮事件，其中一个事件很有意思：她刚进入某家公司，就签约了全公司所有领导都没拿下的某知名大客户。

她怎么做到的呢？

一问之下，我真的是对她肃然起敬。她并不认识这个大客户，她的方法就是去陌生拜访。有一次，她索要联系方式，但对方只给了一个邮箱，连电话都没有给。一般人遇到这样的情况，就会认为对方是婉拒了自己，指不定就放弃了。

可她却视若珍宝，通过邮件和对方联系。每周都去拜访一次客户，送一些新的资料过去。下雨时还专门去给客户送伞，是真的特意跑过去，想着万一客户没带伞呢。结果还真的派上了用场，客户特别感动。

后来，终于等到了一次客户急需某个提案的机会，她连夜给客户做好发过去。接着，她就拿到了一个小订单，再后来，客户主动给了她一个大订单，金额是她最初拜访时计划方案的 2 倍。

挖掘完这背后的事情，你有没有看到她身上除了销售能力之外的特质呢？

我看到了她的细心、贴心、坚持不懈、勇气、目标感、行动力、不怕吃苦、真诚实在。我听完后特别感动，觉得这个故事特别励志。当时我就觉得他们老板挖到了宝。如果我找合作伙伴，也一定会找这样的。

现在，你来看看你生命线记录图中的那些事件有没有什么共同点。

例如，在有的人的生命线记录图中，从某个事件转折的背后能看到一种"逃避"；而有的人，则是每个重要事件（工作、结婚、生子）几乎都是听从了家人的安排；也有的人兜兜转转，似乎工作一直在变动，但这些变动都围绕一个终极目的。

你也可以看看这些事件带给你的情绪体验。是否有一些事情总是让你特别兴奋，特别幸福、开心？是否有一些事情让你特别受伤、抵触、不愿意面对？

其次，分析造成这个影响的原因。

为什么对于这个事件，你觉得它为你带来了正向的体验，而对于另一些事件，你觉得它们为你带来了负向的体验？背后的原因是什么？

就像前面提到的"我毕业时收到了 5 家 500 强企业的录用通知，自己拥有了选择权，特别开心"，为什么这件事对我有这么大的、积极正向的影响？

仔细一想，其中有以下几个要素。

- 拿到的录用通知都是知名企业的，终于可以实现 Office Lady（白领丽人）的梦想。
- 一下子收到了 5 家企业的录用通知，感觉自己是优秀的。为什么是 5 家，不是 3 家、10 家呢？因为实习时，我的导师 Melody（她是当时我在职场中的偶像，作为公司里的高层管理着两大部门）曾经对我说，她毕业时就是拿到了 5 家企业的录用通知（这在我心里种下了种子，我一直在想"我能不能也拿到 5 份录用通知呢？"），似乎如果也能够拿到 5 家企业的录用通知，我就有可能成为像她一样优秀的人。

- 拥有选择权的感受太好了，说"不"的人不再是面试官，我也不再是紧张地接受审判的人，不再像一条案板上的鱼，而是有更多的选择。这样的安全感，太好了。
- 在很多同学还在焦急找工作时，我手握了 5 份录用通知，这种优越感，让当时 22 岁的我觉得特别光荣——我的人生命运可以改变，我可以与众不同，只要我努力。
- 令我更加开心的是，我拥有一个实现梦想的能力——努力。当分析收到 5 份录用通知背后的原因，以及面试官的反馈时，我才发现，人生没有白走的路。4 年来，我努力成为学生会女生部长、心理协会会长，拿奖学金，拿各种比赛大奖，组织各种活动，做兼职赚学费，做各种创新……这些点滴的积累，才成就了面试官对面闪闪发光的我。幸运的是，我一直愿意努力，一直相信，只要拥有这个超能力，就能实现很多很多的梦想，这样的相信给了我无穷的底气和安全感。

总结一下，在这件事中：

- 我寻找到了背后的影响因素：我的导师在我心里种下的种子。
- 与此同时，我看到了这件事情对我的影响：让我更加自信、有底气。
- 我找到了自己的超能力（你也可以称之为你的优秀品质）：努力。
- 我看到了内心的渴望：喜欢有选择权，喜欢与众不同，喜欢掌握自己人生的遥控器。

- 我看到了一个能够触发自己内心源动力的"永动机"事件：实现梦想。

接下来，轮到你了。

赶快去分析一下影响你的事件背后隐藏的信息吧。

最后，发现你的兴趣、技能和价值观。

现在来看一看，在这些正向事件中，你发挥了你的什么技能？是否从中发现了你的兴趣和价值观？

我们接着来分析。

大学时我有两个身份：女生部长和心理协会会长。我经常组织和策划活动，做突破性的创新（当时还有一位报社记者慕名到学校采访）。如果看我的职场生涯，就会发现下面这几点。

- 在职场期间，身为市场品牌部的负责人，我在每家企业都做出过突破性的创新，操盘过千万级品牌项目和活动，包括在自由职业期间组建跨界和女性两个平台时组织过的论坛和无数沙龙。这些都与大学时组织策划各种大型活动时所展现的兴趣出奇地一致；更令人庆幸的是，为了帮助大家真正摆脱迷茫、突破瓶颈、打造个人品牌，升级价值影响力，我现在创立了发光计划。这其中，尤其离不开的就是专业的品牌思维和体系化的品牌运营经验。
- 自由职业期间，我做女性平台、心理咨询和生涯发展咨询，这又惊人地和初入大学时对学生会（女生部长）和社团（心理协会）的选择一模一样。

- 十几年来，无论是在工作中面对千百名员工，还是在论坛中面对千人场合，我都可以在台上真诚地分享。如今，我的事业还是在做分享：写书、直播、讲课、做私教等。这些场景又与我初中时在学校大礼堂分享学习方法，在大学时拿各种演讲比赛的大奖有着惊人的相似之处（突然想起，有一次我无意间闯入一个其他学院的演讲比赛会场，在现场报名且即兴演讲的情况下，我居然拿到了一个二等奖）。

当我发现这些巧合时，起了一身的鸡皮疙瘩。这是我直到第一次画生命线记录图时才发现的秘密。

原来，很多事情在我们学生时代就已经显露端倪。这个发现让我再次回想起来一件事。高中时，我曾帮助班里一名抑郁、有自杀倾向的女同学走了出来。从那时起，我便更热衷于帮助别人，而那件事似乎也成了我多年后从事心理咨询工作的缘起。

每次谈到能够帮助到他人的事情，我的内心总是充满了火花，似乎有一股力量涌出，我可以忘我地去做这些事情——在心理学中，这种心理状态就被称为"心流"。

我们可以简单归纳出"这个片段"所展示出来的信息。

- 我的兴趣是：帮助他人成长。
- 我的技能有：组织和策划、品牌操盘管理、心理咨询、演讲分享、生涯发展规划。

你生命线记录图中的片段也可以按照这样的方法分析，并添加、完善。

一旦进入对自我的分析，你就会找到你的兴趣所在、你的技能，以及你的价值观。

提到价值观，有些人可能会发愁价值观怎么去发现。

列举一个我的生命线中的故事，你就知道了。我在企业中带团队时，非常喜欢培养团队的独立和自运转能力。也就是说，我希望未来不管有没有我，这个团队都能正常运行。我甚至曾经在某企业总经理夸赞我的成绩、心疼我太辛苦时，直接告诉他我其实挺闲的，是部门的那些主管负责任，所以部门才会运转得很顺。这件事惹得领导在公司全体会议上让那些看似很忙的领导学习我的管理方式。

我的"培养型"领导风格，使得我在很多年后依然会收到曾经的团队成员的感激。这种风格背后的价值观是：我希望你们好，希望你们比我更好，希望你们按照自己的方向茁壮地成长，而不是担心你们比我厉害，去打压你们。（对了，我还时常主动为他们争取涨工资，给他们寻找大展身手的机会。）

你也可以从低潮事件开始进行分析，例如分析一下你为什么选择离职，为什么选择分手，为什么某件事情让你感到痛苦，为什么某人的某句话让你感到很受挫。

这背后都藏着你的价值观。

总结一下，你可以尝试问问自己下面这些问题。

- 这些事件是在什么情况下发生的？
- 它们对你造成了哪些影响？
- 其中体现出了你的哪些兴趣、技能和价值观？
- 你向往和追求的是什么？
- 你厌恶和躲避的是什么？

- 你优于他人的是什么？
- 你的性格、状态是怎样的？
- 你的人生曲线是怎样的趋势？
- 什么样的事情总是成为你人生的转折点？
- 你人生中最大的转折点是什么事件？
- 这些影响反映了你的哪些需求？

找到你的生命火花

前面我们提到了一种"三不知"的情况，如果换成你，你该怎么办呢？

其实，这种情况从本质上说是还没有找到自己的生命火花，也就是还没有找到自己的热情或价值所在。

你的生命火花，是你去体验后亲身感受来的。它不遥远，也不高大上，就在你的日常生活细节中。

拿我自己举例。我总是在做完一对一的咨询后，内心充满了更多的能量——无论在咨询开始前我的状态是多么不好。对啊，我也是一个平凡的人，也会有自己的烦恼。在咨询开始前，我会花 1 分钟静心，调整自己的状态，然后用心聆听来访者，帮助他们解决困扰。

然而，你知道吗？奇迹就是这样发生的。

每次帮助来访者解决完问题，我自己的能量都会大幅提升，哪怕之前的我是沮丧的、不自信的、迷茫的，在咨询结束之后我都会充满信心。

几次之后，我发现了这里面的秘密。为什么每次做完一对一的咨询，我的感受会这么好？

从心理角度来说，每次做完咨询，我都会觉察自己在这次咨询中获知到了来访者的一些信息，觉察我自己的感受，尤其是我的情绪变化和身体的感受。有时，来访者的问题说到一半，我的胃就开始难受，但是问题一得到疏解，我的身体也舒服了。有时，来访者给我一种如沐春风的感觉，我虽然是在解决他苦恼的事情，但是一点也不费力，反而像是给自己充电一样。

所以，咨询结束，我不仅会给自己做一个清理，让自己从来访者的故事中走出来，重新回归到我自己的角色，也会体会咨询中自己的情绪变化所隐藏的信息。同时，当我又帮助一个人度过生命的卡点，我就会由衷地开心，感受到自己的价值。这种价值感在无意间就增加了我的信心和能量。

从生理角度来说，《减压脑科学》一书中提到，我们人类有 3 个大脑：学习脑、工作脑和同感脑。

当我和来访者一起突破了难题，解决了困扰时，这种突破困境的快感刺激了学习脑分泌多巴胺，让我感受到了更多的兴奋和快乐。

当来访者的问题得到了解决，他们的心声得到了倾听时，我能够听到他们的声音不再像最初那样无力、犹豫、纠结，而是响亮、清晰、坚定，有时候他们还会抑制不住地"咯咯笑"，隔着手机屏幕我都能感受到他们的兴奋。

大多数时候，我还会立刻收到他们发自内心的感谢。这样及时的正向反馈触动了同感脑分泌血清素，而血清素是令人感受到放松和幸福的重要神经递质。

经历过多次这样的感受之后，我就越来越清楚地知道我的生命火花是什么了。

帮助更多的生命找到火花，就是我的生命火花。

在实践中，我发现一件事：与发现他们的问题相比，去发现他们的火花，能够帮助他们更快地感受到自己"绽放"时的状态；去相信来访者本身的能力，给予他们充分的信任，才能够帮助来访者真正成长——这就是"助人自助"的（心理）咨询理念。

而且很神奇的是，我总是像 X 光一样，能窥见他们身体内藏着的光，即便他们觉得自己一无是处。

这种发现光的"超能力"是我在人生低谷期获得的能力。我记得，起初有很多次，我夸赞身边朋友有多好，可他们总是不以为然，但是我为他们的某个特质着迷。如今想来，这种特质就是他们身上自带的光芒。

事实上，我们过往的很多经历中已经藏着"生命火花"的答案了。前面分享的我的生命线记录图中那些惊人相似的兴趣和经历中，就藏着我的生命火花的答案：乐于助人成长、擅长品牌运营、喜欢分享。

你看，我们喜欢的事情、擅长的事情、想做的事情，在很多年前就已经有了先兆。而且，越是早期，这种愿望越纯粹，它不包含市场趋势、行业是否赚钱等因素，完全发自内心。

所以，你如果"三不知"，完全可以回忆一下你的过往，越久远越好。你可以画一下自己的生命线记录图，然后问一下自己，让自己最有成就感的事情是什么。这张图上那些较高的圆点背后的故事是什么？你为什么能做到这么好？别人是怎样评价你的？你为什么会认为这些事情对你的影响比较大？

下面是关于如何发现身上的光、看到自己的生命火花的总结。

- 多体验生活。

- 觉察你的感受。
- 请导师帮你做一对一的咨询。
- 尝试本书中的生命线记录图。

再向你推荐一部动画电影《心灵奇旅》，如果你找不到自己的生命火花，一定要看看。

生命是活出来的，无论是否找寻到了所谓的意义，无论是否有目标，你的每一天堆积起来就是你的这一生。所以，何不大胆地去尝试一把。

剪掉绑在你身上的所有无形的绳子（面子、别人的观念、担心害怕、自我否定、不好意思），试试"随心所欲"一把，看看你的"心"究竟在哪里。

去体验吧，就像电影中那样。试过，才会知道你的心是否动了，是否有感应。如此，你也就找到了你的生命火花。

第 3 节　洞察 3：两张图助你看清平衡人生的真相

抛开工作，我究竟是谁

在绘制你的生命线记录图时，你有没有发现一件事？

有时，你的高低潮事件大多是关于同一种身份的（学生时代、工作阶段、婚姻阶段）；而有时，你突然开始了多重角色的交叉，同一时间，你拥有了更多的身份。你的苦恼开始转为"角色平衡"的问题。

因此，越是混乱，我们越要弄明白一件事：我究竟是谁？

在介绍自己的时候，通常会习惯性地这样说：

嗨，您好，我是董佳韵，是一名作者、发光计划创始人、国家二级心理咨询师、生涯规划师……（注意：这是一个错误示例。）

你发现了吗？这个介绍其实回答的是"我是做什么的"。

有一个问题，我们始终要去面对，也只有面对了，我们的人生才有可能活得完整、活得通透。这个问题就是：

抛开工作，我究竟是谁？

职场中，"人走茶凉"似乎是常态。然而事实上，有大量的人做到了"人走茶温"。

在我们的跨界品牌对接会中，这样的情况相当普遍。大家无论换工作到了什么企业，都依然会相互支持，从来不需要担心换了工作资源中断的情况。换句话说，无论跳槽到哪家公司，他们都是自带资源库的。所以，很多猎头会想要"挖"我们的会员。

为什么会这样？

真相是：抛开工作，他们依然是我们认识的那个人。

换句话说，大家彼此之间认的是这个人，而不仅仅是他背后的品牌。所以，无论他们现在负责哪家企业或哪个品牌，大家都愿意继续合作和支持。

正因如此，哪怕是在低谷期（没有在任何一家企业任职）时，我持续举办的跨界品牌联合会，每次报名的人依然爆满。

我坦诚地对大家说："我现在没有工作，我所拥有的资源，就是你们。"

大家笑意盈盈地望着我说："没事，有你就够。"

所以，从我第一次举办 LADYDONG 全球视野女性论坛时起，他们就一路鼎力支持。

- 佳韵，茶歇搞定没？我包了！
- 佳韵，媒体发稿交给我，我包了！
- 佳韵，伴手礼定了没？我包了！
- 佳韵，有啥我能做的，吩咐给我！

……

所以，那个时候，我时常感动到哭，自己究竟何德何能，让他们如此支持一个"什么都没有"的我。因为"别人为我撑过伞"，所以我更加坚定了"为别人撑伞"的决心。我相信，这样的"罗圈爱"一定能够温暖到更多的人。

也因为这样的感动，我从未担心过缺少工作机会，更未担心过"人走茶凉"。因为我知道，他们眼中的我，早已是"佳韵"，而非"某公司的佳韵"。

所以，我想邀请你思考下面两个问题。

- 抛开工作，你究竟是谁？
- 抛开工作，你在别人眼中是谁？

我是谁

如果你一时之间无法回答这两个问题，我送给你一个工具——人生角色卡（图 2-4）。

共同点

支持、帮助他人、自我提升、探索、分析、欢乐的氛围

实现：
价值感、连接感、受尊重、成就感

作家

自我提升的踏实感、获得认同和尊重、文艺范的美好

创业者

实现创意、共同奋头的兴奋、自由和希望感、成就感

高校导师

帮助他人少走弯路、揭示秘诀、分享、设计PPT

母亲/姑姑

和孩子一起的欢乐、孩子成长带来的满足、成就感

妻子

爱、一家之主、人生伴侣

学生

不断自我提升的充实感、开拓视野的新鲜感、自由和选择权、自信感

演讲人

提升自己、制作演讲内容、分析、获得认同、赢得掌声

群主

帮助和服务他人的成就感和价值感；受尊重和欢迎带来的愉悦感

妹妹

家庭成员、是哥哥的后备支持力量

女儿

连接感和安全感、成为母亲的靠山和小棉袄、家庭地位、让家人安定的价值感

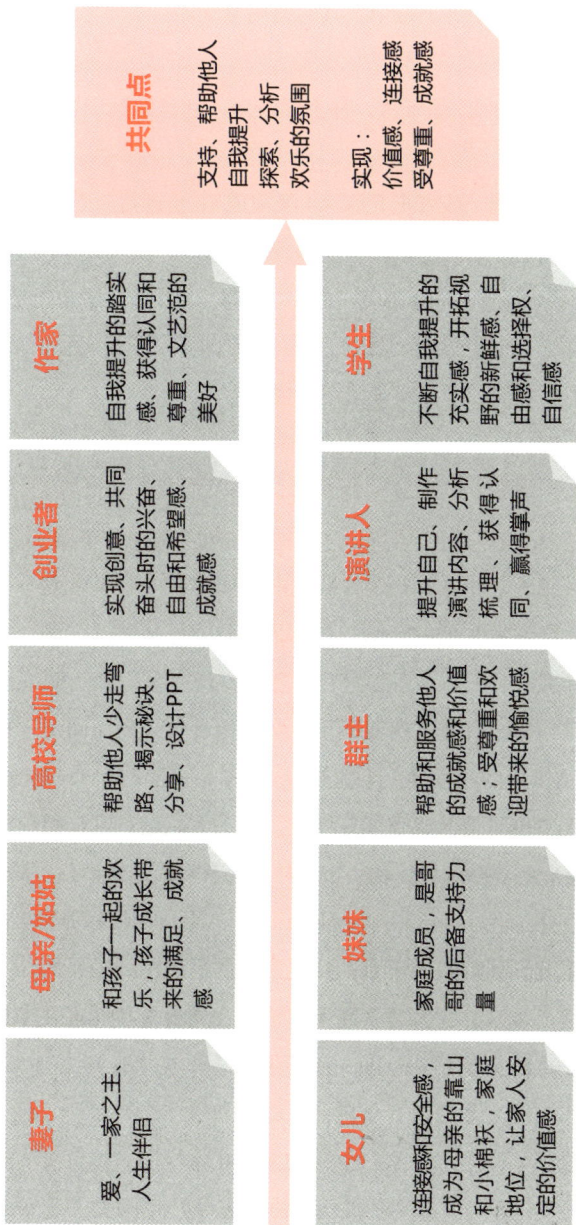

图 2-4　人生角色卡

下面给大家介绍一下这个工具的使用方法。

第一步，准备 10 张卡片，在上面写上"我是谁"，也就是你扮演的角色。

用你的便笺纸，或者把几张 A4 纸裁成 10 份即可。然后，把它们排列开，写上在你的人生中，你能够想到的你的所有角色。

例如，你可能是一位妻子／丈夫，是母亲／小姨／姑姑，是女儿／儿子，是哥哥／姐姐／弟弟／妹妹，是一名创业者／职场高管，是作家、讲师、群主、主播、学员或某组织的成员等。

第二步，思考在扮演这些角色时，哪些地方让你心动，然后把你的答案按照你的重视程度依次排序，把最重要的角色放在第一页。

例如，我的老粉丝都知道在我的朋友圈中有一个小可爱——我的小侄子。我经常发和他的互动以及感悟。看着他从襁褓里那么大，长到现在快和我一样高，我在陪伴他，他也在陪伴我。他会暖心地掀开自己的衣服，露出肚皮，给我暖手，会把零食藏在我房间的"秘密基地"，有好吃的也会给我留。我们一起泡脚、一起下棋、一起去书店。我们是亲人，更是彼此心里的好朋友。作为"姑姑"这个角色，我感受到的是家庭的温暖、被信赖、被依靠，还有轻松地做回孩子的惬意。

作为女儿，我是母亲的"小棉袄"和依靠，我们无话不谈：从我上学时的恋爱，到现在的事业，从菜市场的事情，到她那些几十年老朋友的事情。母亲的腿脚越来越不灵活，我觉得对我而言，守在她身边，比什么事情都重要。所以，在事业的选择上，我不会选择长期待在外地。作为"女儿"这个角色，我心动和牵挂的是和我一起生活了几十年的母亲、此生唯一给我生命的人，我希望能为她解决生活中的琐事（哪怕只是教她怎么用手机玩消消乐游戏），读懂她没有说出口的需要，陪她说话，疏解她的担心。我很感激有如此这般温暖和彼此陪伴的深度连接，感激能成为她的依靠，当她的银行，做她的避风港。

作为一名咨询师，我帮助人们找到方向、制定全套的个人品牌发展方案，并且帮助他们突破自己、实现里程碑事件。在这样的工作中，我感受到的是满满的成就感，这种成就感并非来自我自己又达到了何种高度，而是来自我帮助了多少人实现了怎样的成就。我很喜欢这样的状态：深度了解一个人的故事和生命，陪伴他成长，一步一个脚印地实现梦想，成为连自己都惊讶的发光的自己。在这样的角色中，每每令我感动不已的，是他们的报喜，还有他们毫无保留的信任和真诚。当然，我也时常被他们对我的爱滋养着。生活在这样的环境中，做着自己喜欢的事情，又能够感受到爱、感受到自己的价值，还能去面对不同生命的独一无二的挑战、拥有享受成果的成就感，这一切都令人着迷。

……

你可以在脑中像这样分析你的每一个身份。当然，写在卡片上时，语言尽量简洁。

第三步，写完之后，给它们排序。

这一步相当重要。你可能会非常纠结，但是必须沉下心来做出选择，就像当你面对角色冲突时必须要选择一样。这个时候的思考有可能很难，但一旦你做出了让你内心感到"没错，这就是我内心真实的想法"的选择时，你就成功了。恭喜你，你已经"升级"了，就像坐着热气球从"庐山"中飞起来一样，窥见了你生命的全貌。

第四步，分析背后的隐藏信息。

也许此时，你已经耗费了很大的精力。来，深呼吸，还有一步你就拿到你的答案了。

按顺序从头到尾浏览一下你的答案，特别要注意你刚才是怎样描述你的这些角色的令人心动之处的，然后看看这些答案中有没有共同点。如果有，写下共同点。

例如，我身上的角色有下面这些共同点。

- 作为一名写作者，我希望能写出一本本对他人有用的书，帮助人们解决烦恼、找到答案，同时借由此种方式实现自己的价值，帮助到更多人。
- 作为一名个人品牌发展顾问，我希望能够从专业角度、生涯发展角度、心理成长角度、创业及实操角度、知识顾问角度，帮助学员找到方向，突破卡点，实现愿望（无论他们是 20 岁还是 64 岁）。
- 作为一名心理咨询师，我希望帮助我的来访者重新找到生活的希望和勇气，找到自己。
- 作为团队的负责人，我希望在带领团队一起完成项目的同时，能够帮助他们实现个人的价值增长。
- 作为姑姑和女儿，我希望能够帮助小侄子快乐成长，爱上生活；帮助母亲享受舒适的生活……

你发现了什么共同点吗？

无论是哪种身份，我都希望能够帮助他人成长、实现愿望。此外，从中我也能够探索到自己内心追求的是舒适自在和价值感。

所以，你可以在另一张用于总结的纸上写下共同点和自己的追求。

- 共同点：渴望帮助他人（变得更好）、希望做有价值的事。

- 我内心真正追求的是：价值感、意义感。

当然，你可以按照你的发现用任意方式来写，无须拘泥于格式。

你的答案有什么重大意义

这样的分析，对你有什么重大的作用呢？

在我看来，这样的分析会让你在后半生中，有意识地调整你的行事方式、选择方向和人际交往方式等。

这就像是，你正在海上航行，你的身边冒出很多个声音，有的告诉你要向前走，前面有个小岛；有的告诉你要往回走，天快黑了，他害怕；有的告诉你既然出来了就多去见识见识大海的神秘。但是船上物资有限，怎么办？

此刻，你纸条上的这些发现，就是你的方向，它会带你去做你内心最想做的事，会为你导航。

迷茫通常分为如下两种。

- 没有选择而迷茫。
- 选择太多而迷茫。

大学选专业时，我迷茫，因为我对那些专业的未来一无所知。所以，我找了大学里的辅导员、学院书记和学校领导等，逐一听取意见，最后选择了市场营销专业。

前几年离开企业后，我也一度迷茫，因为能选择的方向太多，而我不知道哪个方向是对的，甚至不知该遵照怎样的标准选择。

后来，我听从内心选择了"随心所欲"。那个时候，我的内心唯一清晰知道的是一件事：我有我的"超能力"——努力。所以，无论我选择了哪个方向、哪种形式，我都不至于被饿死。

随心之旅，让我的路越走越宽，就像从一条小溪汇入河流，而后遇见汪洋大海。幸运的是，这两年我越来越清楚我一直在追求的是什么，那就是做对他人生命有意义的事。这也是每每回顾我的生命线记录图时，总能发现的惊人的相似之处。

具体做什么？要怎么做？这又成为我必须思考的事情。寻找答案的过程很奇妙，答案是从天而降的，也是从行动中显现出来的。或者说，它是在你行动的过程中突然出现的小火苗，而后被你添柴添料变成熊熊火焰。

在 35 岁生日时，我发布了一个视频，第一次对全世界说出了我的愿望——

电影《大鱼海棠》中说：

人这一生不长，不妨大胆一点，爱一个人，攀一座山，做一个梦。

而我，想帮你实现你的梦。

我们都值得去尝试一种不同的人生，在人生的宽度上，增加无限的可能。

没错，做一个摆渡人，帮更多的人实现愿望，这就是我后半生的愿望，也是我此生一直在寻找的答案。

你的答案是什么呢？你是谁？你想成为怎样的自己？你在别人眼中又是怎样的一个人呢？试试看，找到你的答案。之后的路，你会畅快无比。

是什么导致了我的抓狂

当找到了这个答案时，你会发现，当你面对角色冲突、力不从心、无法两全时，或者当你的生命中再次出现很多的选择时，你会清晰地知道你要什么，不要什么，或者当你都想要却又只能择其一时，你会更快速地决定你该选择什么。

你也会从意识层面开始明白，生活和工作中的一些事情之所以令人烦躁不安，也许是因为它们恰恰触碰到了与你内心真正的渴望相反的一面。冲突就这样悄无声息地萌芽了。

事实上，这样的选择背后有下面 3 个很重要的认知。

第一，要明白角色的冲突究竟是什么的冲突。

为什么面对生活的重重压力我们会抓狂？

因为我们进入了"八爪鱼人生时刻"。

许多人在 30 岁到 35 岁时会开始进入多重身份的阶段，在这个阶段，我们身上有很多的角色：父母、子女、朋友、老板、员工、恋人、亲戚和组织成员等。同一时间，我们要为太多的人负责。那么，我们究竟是谁呢？这些角色都是我们的一部分，我们的人生从此更加丰富和饱满，唯一的缺点是，当我们不具备角色切换能力时，就会像"八爪鱼"一样忙个不停，力不从心，或者像"渲染跟不上的变色龙"一样，用一个身份应对所有的场景，生活危机重重，糟糕透顶。

心理学家荣格提出了"人格面具"的概念，人格就是一个人所有人格面具的总和。人格面具是人格的一个侧面或者部分，是特定的人在特定的情境中的心理表现。成长就是不断形成新的人格面具的过程。人格面具越多，人格越丰富多彩，人越能适应各种不同的环境，顺利地与各种各样的人打交道。

所以，从人格的角度出发，适应能力越强的人，人格面具越多，人格越丰富多彩。

很多人觉得被生活卡住了脖子，被团团的压力围得透不过气来。要上班、要带孩子、要实现自己的梦想、要照顾家人、要照顾团队……一旦无法自由切换，就会出现下面这样的情况。

- 在家带孩子时，满心想着未完成的工作，觉得带孩子挤占了自己的工作时间，"烦死了"。
- 加班时，想着什么时候才能实现财务自由，想着孩子还在家里等自己给他过生日，而自己在无休止地加班，"烦死了"。
- 拖着疲惫的身体回到家，看到洗水池里还没来得及洗的碗筷、一地的玩具，还有躺在床上玩手机的另一半，想着工作都快累死了，委屈一下子袭来，不知道这样的日子什么时候是个头，"烦死了"。
- 参加活动时，躲在角落或者假装在很忙地回复信息，像这样一边心里想加入却又刻意避开人群，一边想着为什么自己就不能像别人一样交谈自如，偏偏浑身哪里都不自在，"烦死了"。

……

你一定很辛苦，很委屈，很难过。别担心，我们来寻找解决方法。

你有没有发现，同一时间你戴着多重人格面具，而令人感到"烦死了"的幕后真凶，正是你所戴的这几个面具在互相对立？

你知道你身上藏着的人格面具都有哪些吗？

人格面具按照场合的不同，可以分为公开面具和隐私面具，例如有职业面具、家庭面具、夫妻面具、社交面具、外交面具、朋友面具和独处面具等。

对分化和整合得比较好的人格来说，这些面具可以同时出现但又相互独立，或者轮流出场，切换自如；反之，这些面具则会相互对立、排斥，或者被压抑的个别面具在某个时刻突然显现；也有的人，面具比较单一，只能适应一种情况，换了情景就会无法适应。

例如，我们时常看到的这样一种情况：

你正在因为工作的事情烦恼，或者刚跟供货商大吵一架。这个时候，你 5 岁的孩子跑到你跟前说："妈妈，妈妈，可以陪我玩一会儿吗？"

此时，可能会出现下面 3 种情景。

- 情景 1：你头也没抬，对孩子吼道："玩什么玩，天天就知道玩！去一边，没看见我正烦着吗？！"
- 情景 2：你转头看了一眼满眼期待的孩子，委屈瞬间涌了上来：想去陪孩子，可是又不想撂下工作。你心有不甘："去他的，大不了老娘不干了，不受这份气。"但很快有一个声音出来："半途而废，可不是你的风格。"又一个声音嘲笑地说："傻不傻，你累死累活，放弃陪孩子，放弃休息，等你从公司滚蛋时谁记得你？"你害怕吵架，不想起冲突，可又一想："也许他也是刚好遇到了什么烦心事。"
- 情景 3：你紧缩的眉头瞬间舒展开，一把抱过孩子，温柔地说："好啊，宝贝，妈妈也想和你一起玩，你可以等我一下吗？我把手头的工作飞速地处理一下，就去陪你，好吗？"

在情景 1 中，你的面具比较单一。生活中我们也常见到类似的一种情形：在公司是领导，说一不二；在家人面前、孩子面前、父母面前，还是颐指气使，发号施令，让家人很受不了。此时，要注意人格面具的分化。成为家人的依靠和顶梁柱，与作为领导发号施令，有着相似的担当，却又是完全不同的角色。错用就会导致人际冲突的加剧。

在情景 2 中，你有好人面具，也有普通人面具。在好人面具下，你希望做一个好妈妈，做一个"即便起了冲突、吵了架，也会去理解对方，思考是不是对方遇到了什么烦心事"的老好人，做一个有始有终、负责任的人。在普通人面具下，你也会有你叛逆的小脾气（"大不了老娘不干了"），会有担心害怕和不想面对的事实，也会觉得这样的付出很傻。当一个声音响起时，总会有另一个声音把你拉回来，让你陷入一层又一层的纠结。事实上，这是你的人格面具在对立。

在情景 3 中，看到孩子的瞬间，从表情到语气、语言，你都换到了另一个频道，职业面具立刻切换为了家庭面具。并且，你知道自己现在需要在职业面具和家庭面具中二选一，而你选择了先工作，再陪孩子。

你可以明显地看到你的面具的切换过程：职业面具（工作时）——家庭面具（和孩子说话时）——职业面具（继续工作时）——家庭面具（忙完工作陪孩子玩时）。

看清楚了角色冲突背后的人格面具的真相，你就可以更加理解为什么前面我一直在谈论"找到你的答案"。

当你懂得生命是一个多重角色的融合，你渴望拥有的是一个完整的生命体验，你在意家庭的温暖和幸福时，你就会明白，工作只是实现这一梦想的手段之一。如此，你就不会让自己只活成一种角色，像

"颐指气使"的领导一样让家人不舒服，像娇滴滴的公主一样在工作中处处需要守护，像停不下来的机器一样度过整个人生。

在研究跨界的这几年中，我看到了大量的人无法自如做自己，他们像大闸蟹一样，浑身绑满了绳子，甚至于他们还把自己冷藏在了冰箱里。

他们身上那些用角色造就的铜墙铁壁，成了困住他们的"界"。跨界的人生，就是去突破你人生的固有"边界"，这个边界对不同的人而言，在不同的情境中，各不相同①。

我们在事业上学会跨界创新和跨界转行的同时，更要懂得找寻自己在人际关系中由于"角色"而产生的"界"，以及我们的认知边界、思想边界。

在所有的界限中，最让我们头疼的就是工作和家庭之间的平衡。我们一方面在追求不断地成功，另一方面又渴望享受生活、陪伴家人。一方面，我们很努力地奋斗；另一方面，我们却没有足够的时间享受。

该怎么办呢？

要从根本上解决这个困扰，我们必须了解这份平衡的本质，否则一切技巧都是徒劳。

(1) 平衡的本质

如果一个人沉迷于"让未来更有价值"，而牺牲了现在能够体会到的快乐，那么这种人格我们称为多巴胺能人格。这种人格的特点是：一直在不停地追求，却对自己拥有的东西视而不见。这种人格的人虽然已经很厉害了，却还是觉得不够。

---

① 请参考《跨界力》一书，《跨界力》中主要分析的是事业中的跨界类型以及技巧，通过跨界思维的升级，让你和你的产品更受欢迎。本书重点分享的是人生中的跨界。

人类（包括猴子在内）会对成就"上瘾"，而且非常强烈，这受多巴胺分泌的影响。

什么是多巴胺呢？

1957 年，一个叫凯瑟琳·蒙塔古的医生，在伦敦附近一所医院的实验室里发现了多巴胺。我们通常以为多巴胺是快乐因子，能够让我们兴奋、快乐，而事实上，多巴胺是预期因子，我们所感受到的激情、快乐、兴奋劲儿，来自我们的追逐过程，而非满足时刻。

有一个实验，实验人员会给猴子吃东西。实验中同时设置了两个门，哪个门的灯亮，食物就会从哪个门出来。于是，实验人员检测到猴子一看到灯亮，看到食物出来，吃到食物，多巴胺就分泌了。

后来，为了弄明白多巴胺究竟是在哪个环节分泌的，实验人员逐渐地把亮灯和出现食物这两件事发生的时间间隔拉长。结果发现，猴子只要一看到亮灯，就会开始分泌多巴胺。而相反，在吃东西的过程中，猴子的头脑中并没有分泌多巴胺。

这说明，多巴胺的分泌来源于对结果充满期待的时刻，而非获得满足的时刻。

心理学家也用鸽子做了一个实验，他们在鸽子面前放了一个啄食器，只要鸽子拿嘴去啄几下，就会出来一些食物。为了测试鸽子啄食的行为与出现食物的概率之间的关系，实验人员让食物从确定出现调整为随机出现，有时候出来一个，有时候出来两个，有时候不管鸽子怎么啄都没有食物出来。

结果发现在随机出现食物的情况下，鸽子会疯狂啄那个啄食器。这说明，多巴胺是奖赏回路，它与获得的惊喜有关，与满足时的快乐无关。奖赏的不确定性会令人"上瘾"、着迷，促使人们不停地想要。这也是人们玩老虎机、打游戏停不下来的原因之一。

除了多巴胺奖赏回路会促使人们陷入无休止的追求，还有一个因素，也是让我们总觉得"还不够"的原因，它源自原始社会的生存状况。

在《贪婪的多巴胺》一书中，作者提到在原始时代，人们能够拥有的东西很少，所以那个时代人们就发展出了一定要最大化利用有效的东西、拿到更多东西的进取心，他们必须不断获得更多才行。

与之相对应，有一种神经递质叫作当下因子，包括血清素、催产素、内啡肽和内源性大麻素等，它们能让我们好好地享受当下，看到我们已经拥有的东西，而非极度地渴望得到没有的东西。

这两种神经递质是相互抑制的，当多巴胺的分泌旺盛时，享受当下的感觉就完全消失了。这就是为什么人们在无休止地追逐成功、成就时，会忘记甚至毫不在意享受当下。

我曾经见到一位母亲，她陷在工作和挣钱中无法自拔，如今孩子已经辍学，丈夫和家人与她的关系也是马马虎虎。我问她："你觉得现在这样幸福吗？"

她说："幸福能当饭吃啊？不挣钱吃啥呢？"

事实上，她家有两套房两辆车，早已过了温饱线，但在她的心目中，依然需要"为温饱奋斗"。这就像是原始社会的人们拼命地囤食物一样。

一个人如果纵容自己的多巴胺不断地分泌，那就跟一只猴子或者原始社会的人没有太大区别。原始社会资源不够，所以原始社会的人总是觉得自己需要更多，所以只要是能够抢占的东西，他们就尽量抢占。

但是如果一直按原始人的方式生活，就会带来痛苦。因为多巴胺并不带来快乐，多巴胺只带来兴奋，而不是让你真正地享受人生，所以这样做甚至会让你失去一些已经拥有的东西。

一个人成熟的标志，就是能够觉知自己、活在当下，能够让当下因子发挥更大的作用。只有这样，我们才能够体会到我们已经拥有的东西带来的快乐。

具体该如何做呢？

第一，学会关注现实，看到自己已经拥有的。偶尔将目光从"向上看"收回来，"向下看"。有趣的是，在向上看的时候，人们会分泌多巴胺，会兴奋，这种兴奋与原始社会人们要去树上够取食物时的兴奋一样。而在向下看的时候，人们会分泌当下因子，感受到满足和幸福，这种感受与你看到怀中抱着的食物时的感受一样。

第二，尝试做一些具体的事情，感受当下沉浸其中的"心流"感觉，感受做这一件事时那种实实在在的感觉。哪怕是掌握一门手艺，或者仅仅如《扫除道》中所写的打扫厕所，或者吃饭时感受到食物在口中的触感，都可以。

第三，允许自己休息一下，别让亢奋的多巴胺不停地分泌。允许自己偶尔偷个懒、度个假，放空自己，会让你感受到享受生活的美好。

第四，减少多任务并行，一段时间只做一件事。不管是不是为了提高效率，得益于现在手机和信息网络的发达，我们总是同一时间在做着多件事。一边开着一堆网页一边打电话，或者一边放着音乐一边吃着东西。大脑变得越来越忙，越来越累，多线程任务以及任务之间的切换，是非常耗费能量的，这会促使你分泌更多的多巴胺来维持兴奋和创造力。

第五，学会转换思维。工作挣钱与享受当下并非对立的。在工作的间隙和孩子一起玩个游戏，和家人一起做顿饭，这些生活中实实在在的小细节都足以让自己感受到实实在在的生活的美好。

所以，我们每个人都应该试着重新审视自己的生活，重新决定是否要把自己交给多巴胺，让它支配着自己进入无休止的追逐。事实上，我们既要有一定的多巴胺，去努力地追求一些事，同时又要能激发自己的当下因子，去享受当下所拥有的这一切。只有这样，我们的人生才能够达到真正的平衡。

(2) 所有的选择都是你的时间

我知道，此刻你可能正在皱着眉头，心想"我也想平衡，可是我没有时间啊""我也想平衡，可是我得工作啊"。

听起来，你认为破坏这种平衡的，一个是时间，一个是工作。

然而，你需要明白一个事实，无论你戴着哪种人格面具，无论你做着工作还是正在泡茶、看书、享受当下，我们都共用着一套体系：

时间

所以，以时间为维度，你所有的选择所造就的经历就是你的人生，换言之，就是"你"。

当你觉得因为陪孩子写作业而占用了自己的时间时，你可以这样想：陪孩子写作业的时间，就是我的时间，我希望我的这段时间是有价值的、有意义的、轻松的。这样，你就可以让你的这段时间为你带来下面这样的结果。

- 有价值的
  - 你可以在辅导孩子作业的过程中，尝试使用你从各种课程、图书上学到的教育孩子的方法，验证哪一种最适合你和你的孩子。愿意的话，你可以把它总结出来，分享给更多人。

- ♦ 你可以和孩子一起攻克难题，一起玩数独、迷宫、找不同，让孩子学会在面对困难时如何解决问题。
- 有意义的
  - ♦ 你可以和孩子一起设置一个倒计时，一起努力在你们设定的挑战时间内，完成某项作业。一旦完成，一起欢呼雀跃。
  - ♦ 你可以静静地体会和孩子在一起时的连接感，感受这样一个神奇的小生命一点一滴的变化，这样的感受正是你忙到喘不过气时的呼吸空隙。
- 轻松的
  - ♦ 你可以在孩子旁边看自己的书，或者写你的"作业"，像同桌那样陪着孩子一起写作业。
  - ♦ 你可以悄悄用手机给孩子拍照、录像，记录孩子的成长时刻。

当你这样想时，你就会发现，你的心态变了，你的情绪变了。

试试看，在下次拿着钥匙对准门锁，打开家门时，深呼吸 1 次，告诉自己："我要回家了。"你即将走进的是你的家，你即将摘掉你的社交面具、职业面具，换上你的家庭面具、夫妻面具，或者独处面具。

(3) 工作对你意味着什么

走进家门，你发现你真实看见的是你家的样子、孩子的可爱、家人的温暖。那些只有家里才有的声音，不再成为你工作烦恼的"雪上霜"。

恭喜你，你终于把你的工作和"你"区分开了。

人生，不是一个圆，而是一个球体，是立体的，里面包含着我们的多种角色，我们的事业、生活、关系、梦想、爱好，最重要的，还有我们自己。

只有想明白我们是谁，我们想在此生中活成一个怎样的自己，想导演一段怎样的生命旅程，我们才有可能在角色冲突时，做出问心无愧的选择。

例如，对于下面这些问题：

- 是选择升职，抛下家人和年幼的孩子，到外地工作，还是选择放弃升职，留在家人身边？是选择把孩子丢给老人带，还是忙里偷闲自己带？
- 是选择家人眼中稳定的工作，还是选择自己喜欢的工作？
- 是选择高薪但高负荷的工作，还是选择正常压力正常薪水的工作？

其实，我们并非只能在问题里的选项中做选择，而是完全可以给出别的答案。这个答案，就来自你想要怎样生活。转换一下思维，上面问题的答案就有可能变成下面这样。

- 当工作和陪伴孩子的时间有冲突时，你可以选择用陪伴的质量弥补陪伴的数量。对孩子的成长来说，"专心致志"的高质量陪伴一定好过"拿着手机待在孩子身边"的低质量陪伴。
- "稳定"和"喜欢"，你可以二选一，也可以有第三个选择：做"稳定"的工作，同时在业余时间从事自己喜欢的事业。

- "高薪高压"和"普薪低压"，你可以二选一，也可以看你当下需要的是什么，你当下能付出的是什么（包括你的时间、能力、资源，还包括你的健康、家人的支持和感情的积累等）。

总之，你要想明白一个问题：工作对你而言，究竟意味着什么？你工作的目的是什么？工作是你谋生的手段？实现成功和获得地位的途径？实现个人价值的途径？自我实现的过程？

- 情形 1：谋生的手段
    - 意味着你是为了获得更多的收入而工作，并不在意这份工作是否是你喜欢的，是否能为你带来满足感。
- 情形 2：实现成功和获得地位的途径
    - 意味着你的工作动力来自对成功、成就和身份地位的渴望。你未必对工作本身充满兴趣和热爱，但是这份工作能够为你带来社会地位和荣誉上的回报，或者这是你通过努力工作来证明自己的方式。
- 情形 3：实现个人价值的途径
    - 意味着你希望通过这种方式实现你人生的意义、你的责任、使命。例如电影中常看到的社区工作者、山区支教老师和画家。
- 情形 4：自我实现的过程
    - 你会根据你的人生答案来设计你的工作方式，大多时候你会选择你感兴趣的工作，你在意的是个人兴趣和生活的平衡，而非经济回报或者名望。你追求通过工作实现人生的意义，但又不会牺牲家庭和兴趣。

　　如果不得不处在情形 1，但又想要实现人生的平衡，那么可以尝试从家庭、兴趣或工作以外的活动中获得更多的人生意义。

　　把工作视为实现成功和获得地位的途径的人，倾向于把更多的时间投入到工作中，有可能选择牺牲家庭或者其他方面的兴趣，来赢得社会地位、威望、财富和认可。

　　为了实现个人价值而工作的人，可能会享受到极高的精神愉悦，也有可能会在物质方面陷入贫穷。

　　把工作视为自我实现的过程的人，其工作和生活相对较为平衡。

　　问题来了，对你而言，工作意味着什么？

　　现在，请花 10 分钟时间，重新定义你的工作。

　　想好答案之后，重新回顾一下你的 10 张角色卡，并且尝试用你现在认为最重要的 2 个角色，按照本章第 1 节的个人商业画布的方式分别进行梳理（图 2-5）。看看你会发现什么？

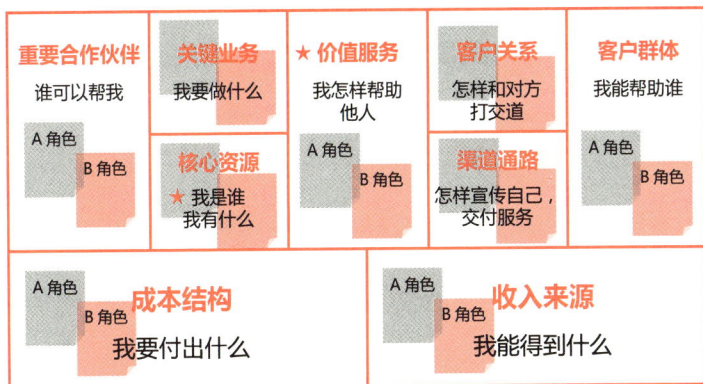

图 2-5　多角色的个人商业画布

　　你可能会发现，你的两个角色之间非常融洽，你可以同时实现这两个角色的目标（例如咨询师和母亲这两个角色，咨询师的自由工作方式能够很好地满足母亲对于照顾孩子的自由时间的需求，而教育孩子的经验以及妈妈圈层的人脉，能够反哺于咨询师的专业能力、客户群体的提升）。

你也可能会发现，它们之间有很多冲突。这时，请试着调整个人商业画布中对应板块的答案，尽可能地找到使两种角色相吻合的方式。实在不行，请试着调整你当前的角色。总之，要寻找到一种方式，让你最在意的几个角色之间尽可能地融洽，而非相互对立和冲突。

第 3 章　向外看，选更多可能：未来的我有哪些可能

前面两章，我们通过探索后半生的可能性，找寻了我们生命的火花，并且借助一些生涯发展规划工具和心理学理论（个人商业画布、乔哈里视窗、生命线记录图、印象访谈、人生角色卡、人格面具和重新定义工作等）去探寻了我们自己究竟是谁，我们有什么，我们想过一个怎样的人生。

用一句话总结就是，前面两章我们一直在试图弄明白自己。

这是非常重要的第一步。在日常的咨询中，我发现很多人喜欢跳过这一步，直接去找答案。

"佳韵老师，我不知道接下来的方向，你有没有什么建议？"

他们特别希望，在问出这句话后立刻就能够得到一个准确的答案，而且最好是确保不会错的那种。

每每这个时刻，我都会先引导着他们讲讲自己的想法和过去，陪他们一起穿越个十年二十年的。只有弄明白了自己，真正的答案才会显现。

我要强调一下，是"真正的答案"。

我曾经接待过一个来访者，在第一次沟通的时候，她说想教别人做美食，因为美食特别能治愈一个人的心灵。当时我们特意探讨了一

件事：如果终极目的是治愈一个人的心灵，有没有其他她也喜欢的方式是可以结合，或者可以在以后升级和扩展的。最终，她坚定地选择了教别人做美食这条路。按照这个方向，我们一起规划了一系列的个人品牌发展策略和行动清单。

一个月后，她又来了，告诉我这件事一直卡在那里，做不下去。与此同时，她开始筹备营养师考证相关的业务。

第三次来，她说感觉特别内疚，因为她已经好久没有行动了，特别无力，之前想做的东西都做不下去。

我意识到这里面一定藏着什么被忽视的问题。在听她叙述的过程中，我一度有种"面条横飞"的感觉，所有的信息和情绪杂乱无章，这些信息甚至都不是毛线团（毛线团至少还有规律可循），完全是一大盆面条，错综复杂。

两个小时过去，迷雾终于被拨开。我们找到了在心灵深处拉扯着她的 4 个牵绊，这一次，她说"终于畅快了，感觉天都晴了"，然后忍不住地哈哈笑起来，声音明亮。我也一样，有种畅快呼吸的释然，忍不住想和她一起跳舞。

这次的咨询让我发现一件事：即便是来访者自己很坚定的想法，也有可能不是他内心最真实的想法，这种意识层面的信息，很有可能与他潜意识中的渴望并不一致。

无独有偶，昨晚深夜接到一个咨询，是一位来访者对自己的方向定位不满意，想要我帮她重新寻找定位。

她说："我从没想过还要思考自己的'人生画布'，这个有点太大了（潜台词是'这有必要吗？'）。"

我说："如果这次又稀里糊涂地找到了一个看似正确的答案，也许要不了多久，还要再像这次一样，回过头重来一遍，既浪费了你的时间，也让你的迷茫又多了一次，这是何苦呢？何况，看似很大的这个人生画布，也许两个小时你就搞定了。"

她想了想，决定这次不再偷懒，不再只追求答案，而是真正弄明白自己。

在这本书中，你会发现在很多地方都藏着"弄明白自己"这样的信息和好用的相关工具，这是我们跨界成长的根本，是我们生活得舒适且自在的源头。生活中很多的迷茫、焦虑和愤怒里都藏着弄明白自己的机会。我们弄明白了自己，就不会再轻易地被情绪和欲望无声无息地支配。一切的发生都将只是因为你允许它们发生，你选择这样做。

为了缓解你对未来不知所措的焦虑和恐慌，现在我先送给你 100 种赋能型事业作为选择方向，借此开启我们要弄明白的第二件事：我们要跨到哪里去？

这是一个非常迷人的话题，也是我每次在做咨询时非常兴奋的一个话题。为什么呢？因为千人千面，每个人的未来方向都是一个全新的世界，这是一个充满着创意和未知的领域，但又充满着挑战。当打开新世界的一扇门时，你会看到他们眼神中燃起亮光，他们的声音重新充满能量，这是一件多么令人激动的事情！坦白说，我太爱咨询这件事，更迷恋成为一位生命摆渡人，帮助他们摆脱迷茫、突破卡点、实现心愿。

那么，怎么才能知道自己要跨到哪里去呢？核心逻辑是这样的。

(1) 首先要看到你都有哪些可能性。

在本章的第 1 节，我会为你提供 100 种赋能型事业作为选择方向，帮你看到更多的可能性，让你获得启发。

(2) 面对这么多的方向，要知道如何找到适合自己做的方向。

在本章的第 2 节、第 3 节和第 4 节，我会为你提供 1 个模型和 2 个公式，帮你找到适合的方向。

(3) 在万一遇到了"适合你的方向不止一个"的情况时，知道该怎么选择。

在本章的第 5 节，我们一起用一个足以击穿一切幻象的方法，帮你做出抉择。

(4) 此时，看似你已经找到了答案，可你现在就能确定这个答案是对的吗？

在下一章，我会为你提供 4 个详细的验证方法，来验证你的答案，帮你确定或调整方向。

准备好了吗？现在，我们一起出发。

第 1 节　可能性：100 种赋能型事业选择

寻找一个新的方向（或者原有方向下的新的商业模式）是很不容易的一件事，你知道的，这不像"拍大腿"那么简单。所以，请允许我在正式向你揭开这 100 种赋能型事业之前，狠狠地强调一件事：

为了你的长远和稳定发展考虑，建议你选择赋能型事业。

什么是赋能型事业？它包含 3 个层次。

(1) 你能够为他人赋能。

你通过为他人提供资源、提供帮助和各种支持，帮助他人成长、实现目标和梦想，或者减轻痛苦、渡过难关。这也是你的价值所在。例如做一名生涯规划师，可以帮助他人摆脱迷茫，找到人生的方向和动力。

(2) 这件事能为你赋能。

想想看，这件事能为你带来什么？有正向回流才能做得长久。

是自己有了成长，收入更多了，粉丝更多了？还是做了这件事，每天心情都特别好，能感觉到自己的价值，对未来充满希望？抑或是认识了很多新朋友，视野和格局有了变化？

你的收获可以是个人成长、金钱收入、粉丝、口碑、机会、社会荣誉和地位、经验和个人价值影响力、人际关系、幸福指数、身体健康指数等等。任何你在乎的、你需要的、你喜欢的都可以。

(3) 被你赋能的人能够继续为更多人赋能。

如果你做的是像点燃蜡烛一样的事业，一开始，你点亮了很多人，他们又去点亮了更多人，那么想想看，这件事情是多么有意义。很多培养咨询师、培训师和教师的老师，扮演的就是这样的角色，他们帮助了很多有大爱、想要帮助别人的人。

说实话，当我决定整个后半生都从事知识传播事业时，也是这样的心情，因为它同时满足了上面这 3 个层次。之后，我又问了自己下面 4 个问题。

我问自己："这事儿值得做很久吗？"

我的答案是："值得做很久。"

我又问自己："这事儿能做很久吗？"

我的答案是："能，能做到我生命画上句号，且符合市场发展趋势。"

我又问自己："我的能力够吗？"

我的答案是："怕什么，一直保持学习和进步就好。"

我最后还问了自己一个问题："花后半生做这件事，有趣吗？"

我的答案是："有趣，因为知识事业包罗万象，且不提各种知识领域，单说发展形式，就有直播、图文、课程、线下活动等各种形式。尤其是我钟爱的私教咨询，面对的是不同的生命，或者同一生命在不同阶段遇到的各种各样的问题，这当然可以说是一件具有挑战和可以无穷变化的事业。"

好，想想看，你的答案是什么？现在就想。

现在，我来为你提供 100 种赋能型事业作为选择方向，以轻创业和线上型为主，其中许多事业是 1 个人就可以做起来的。这些事业你可以全职来做，也可以作为第二职业发展，为自己增加收入或价值影响力，为未来积蓄能量，或者为你现在的主业赋能。它们非常适合想要从事自由职业的朋友。尤其是在现在这个 VUCA 时代，如果你希望一边照顾家人一边实现自己的价值，就再合适不过了。

我把它们归纳为 6 大类，分别是：写作、培训、咨询、社群、直播或视频，以及分销或社交电商。

写作

写作一定是能给你赋能的选择，因为写作能够梳理自己、疗愈身心，分享可以积累粉丝和影响力。

你可以出书、签约成为媒体平台专栏作家，也可以写书评、采访稿、个人品牌故事、短视频文案和各种活动相关的话术文案，还可以开写作课，教学员如何写作，如何通过写作变现和升级影响力。你可以借助学术跨界的方式开发出新鲜的领域，例如：

- 写作 × 销售＝社群发售的文案、销售信、可变现的朋友圈文案、产品文案、销售技巧；
- 写作 × 美学＝日签打卡、朋友圈美学；
- 写作 × 故事＝个人品牌故事、短视频文案、励志文、热点文章、人物访谈、小说；
- 写作 × 心理＝写作疗愈、心情日记、优势笔记、梦想清单、遗愿清单；
- 写作 × 个人品牌＝定制自我介绍、梦想故事、朋友圈文案、写作影响力；
- 写作 × 读书＝读书笔记、拆书笔记、思维导图、读书会、推荐书单；
- 写作 × 形式＝声音写作、视觉笔记、演讲写作、治愈系写作；

……

这里面任何一个方式，都可以再横向和纵深地扩展你的产品体系。写作的本质是表达，而表达的形式有很多种，表达的背后是思维、心理、价值观，表达的用途又有很多种。

你看，一个写作，就有至少 30 种方向可以选择。如果你热爱写作，这时候你要担心的不是该如何变现，而是在这么多个细分方向中，你最心动和愿意投入进去的是哪一个。

培训

2022 年，国家发出了"终身学习"的号召，而终身学习意味着终身成长。想想看，你能够在"终身成长"这个大方向下，选择什么方向，为哪些群体提供什么样的帮助？

我们可以从两个方面考虑。

(1) 你擅长什么？

这个很好理解，比如你的字写得非常好看，那么你可以教大家写字。我有一个朋友，就通过教大家写字年入百万，而且还设计了独家字帖，申请了国家专利。

如果不知道自己擅长什么，可以重温一下前面两章的内容。下一节也会再为你提供一个工具。

(2) 客户群体需要什么？

想想看，在某种情景下，人们有什么需要。

这里为你分享捕捉需求的 3 个方法（详见第 4 章第 1 节）。

- 捕捉当下刚需。
- 捕捉潜在需求。
- 捕捉未来需求。

用大白话来讲，就是搞清楚下面 3 个问题。

- 他们现在需要什么？
- 他们苦恼或渴望什么？
- 他们之后会需要什么？

举个例子，人们在日常生活中经常关注这么几件事：吃饭、睡觉或起床、打扫房间、说话、保持健康、看书等。现在我们就看看这些看起来最日常的需求背后能有多少种事业可能性。

关于睡觉或起床
- 提升睡眠的方法；
- 早起打卡训练营；
- 睡眠用品、助眠用品；
- 冥想；
- 心理和认知方向的解梦。

关于吃饭
- 美食做法及营养搭配（如制作营养早餐、减肥餐、儿童餐、月子餐、熬夜餐、老年营养餐等的食谱）；
- 美食推荐（如做吃播）；
- 美食拍摄技巧（别人做美食、吃美食，你可以教大家如何拍美食照片和视频，可以接美食商业片）；
- 餐桌美学；
- 美食的周边产品。

关于打扫房间
- 整理术（如衣橱整理、空间整理、人生整理、情绪整理、内在清理、儿童整理、上门整理等等）；
- 家居用品（家居产品推荐和分销）；

- 空间色彩、空间美学设计、空间气味（如让孩子自主学习的书房设计、会呼吸的森系卧室设计等）；
- 扫除道工作坊。

关于说话

- 咨询；
- 采访；
- 沟通技巧、情绪疏导等；
- 声音美学课、配音或播音课等；
- 主持和演讲等。

关于保持健康

- （面对不同人群和功效的）线上健身、线上瑜伽等；
- 营养搭配（如孕妇餐、儿童营养餐、学生餐、美颜餐等）；
- 中医相关（如艾灸、针灸、按摩等）；
- 养生私教、家庭护理及周边产品；
- 术后养生、女性私护等。

关于家庭

- 家庭关系（如夫妻关系、父母关系、手足关系等）；
- 亲子关系（如亲子教育、青少年和儿童咨询、青少年性教育等）；
- 家庭美育。

关于手工

- 各类手工制品（如手工牛皮包、波西米亚挂毯、自制帆布包、自制古风扇、压花等）；
- 各类绘画（如油画、水彩、素描、速写、简笔画、视觉笔记、立体画等）。

关于视频

- 录制视频（可以流量变现、提升主业影响力、带货）；
- 教别人直播技巧、视频制作、布光技巧、画面呈现等；
- 做包括一对一的咨询、视频号定位在内的全套指导；
- 销售相应的设备和软件。

关于养花

- 各种养花技巧；
- 养花周边产品；
- 代播卖货。

关于管理

- 线上团队管理、社群运营等；
- 个人时间管理、精力管理等；
- 财富管理；
- 金钱；
- 各种能增加收入的课程（如写作变现课、副业变现课、跨界变现课、摄影变现课、个人品牌变现课、短视频变现课等）；
- "金钱卡点"突破、金钱关系、财富能量；
- 财富规划、投资理财。

关于变美

- 化妆课、发型设计等；
- 形象气质、穿衣搭配等；
- 拍摄姿势、表情管理等；
- 面部按摩；
- 朋友圈美学课。

关于情绪

- 情绪疗愈咨询、心理咨询（焦虑、抑郁、压力、自卑等常见困扰的解决）；
- 情商影响力提升；
- 幸福力提升、不吵架训练营；
- 正念工作坊、情绪日记；
- NLP（神经语言程序学）、认知行为疗法、沙盘、曼陀罗绘画、冥想等各种心理学流派。

关于关系

- 亲子关系；
- 夫妻关系；
- 与自我的关系（如内在小孩的疗愈）；
- 儿童性教育、儿童学习力、儿童情商教育等；
- 青春期孩子的心理发展、叛逆期孩子的心理疏导和家庭治疗等；

关于成长

- 读书会（好书共读）、书评、图书推荐等；
- 学习（分享如何高效阅读，如何记笔记，如何提升记忆力，如何写"爆款"文章，如何写作变现，如何写作疗愈，以及如何做视觉笔记和思维导图等）；
- 天赋解读、优势挖掘、性格解读等；
- 生涯发展规划、人生梦想清单、人生陪跑等；
- 个人品牌指导（如个人品牌定位、个人故事梳理、个人品牌色设计、产品体系设计等）；
- 技能课（如用 PPT 做课件或制作海报，以及 Photoshop、摄影、视频剪辑、古筝、尤克里里、茶艺等）。

咨询

咨询是提供服务的一种形式，例如我的个人发展私教服务，以及"解忧时间"，都是通过一对一定制化的方式来解决客户的"痛点"问题，或者帮助他们实现自己的目标和梦想。当然，你也可以进行团体咨询，多对一，或者一对多。这些都是线上、线下均可的。

咨询的内容多种多样，你可以根据你擅长的事情和客户的需求来设计。

例如创业问题、变现问题、资金问题、理财问题、用工风险问题、法务问题、心理问题、家庭关系问题、个人成长问题、情绪问题、生涯发展问题、身材问题、沟通问题、社交问题，等等。

社群

- 社群可以作为媒介

社群可以辅助支持前面各种方向的变现（例如训练营、公开课等）、线下实体店的社群运营（例如很多火锅店、服装店的客户交流群）。

- 社群可以作为内容

如果擅长和他人打交道，擅长统筹规划和活动运营，你可以把社群运营作为你的核心优势，帮别人操盘社群，教他人如何做社群。

- 社群可以作为圈层资源

如果擅长连接资源，你可以通过打造社群建立圈层的连接。例如，我们市场部网的跨界品牌联合会在全国各地有 56 个分会，会员数达到 40 万。

你可以单纯作为公益项目，提供资源连接的平台，也可以选择收会员费，或者把你的资源通过项目的方式变现。在内容上，你可以做妈妈圈层、读书社群、早起社群、减肥社群，等等。

直播或视频

直播和视频的变现方式有下面几种。

- 流量变现（通过直播中的打赏和流量变现）；
- 直播签约变现（签约 MCN[①] 机构，获得固定收益和奖金收益）；
- 广告变现（在直播、视频中植入广告，获得收益）；
- 带货（在直播和视频中挂商品，获得收益）；
- 直播转私域变现（将直播和视频中的公域流量转到你的私域流量，并在私域流量变现，变现方式可以参考前述各种方式）；
- 直播培训、直播代运营（通过培训和代运营的方式变现）。

分销或社交电商

如果你不擅长讲课，不擅长做咨询，不想自己打造自己的产品或服务，那么最简单的一种方式就是分销别人的产品或服务。事实上，

---

① 全称是 Multi-Channel Network，意为多频道网络，是一种网红经济运作模式。

无论什么产品和服务，都需要一个特别懂销售的人去推销。

你可以选择那些口碑好的产品、课程、服务或图书去分销。

- 你可以选择自己去谈一些产品和课程，自己负责分销，对方负责发货和售后。
- 你也可以选择加入某个社交电商平台，发展自己的团队。通常，它们都有一个"自用省钱、分享赚钱"的口号。这样的社交平台很多，在加入之前，一定要了解清楚对方的资质、服务流程和结算机制等。

在这里我要打消你的一个念头。现在人人都在谈论个人品牌，人人都想开课做咨询。可事实上，并不是必须创造一个自己的产品才能树立个人品牌（详见第 6 章介绍的个人品牌的本质）。而且，不是所有人都适合做讲师和开课，有的人就是适合做销售、做运营、做服务，适合和别人一起合作。所以，去分销别人已经做好的产品也是一种不错的选择。

打消了一个念头，我现在要再送给你一个念头。如果你想在别人心目中越来越有影响力，你的个人品牌非常重要，哪怕只是做一个分销商，你也有你的口碑，有你的个人品牌。尤其是对新粉丝来说，信任你、喜欢你才是靠近你、购买你推荐的产品的核心关键。

因此，请记得，你依然要做赋能型的分销商。举个例子，有的人专做妈妈群体，并且给自己做了一个细分的定位，长期沉淀在妈妈的成长、妈妈的美好生活、妈妈的轻创业等方面。久而久之，即便分销的是他人的产品，在你的粉丝群体中，你也依然有不可取代的地位。想想看那些顶级带货主播、意见领袖的影响力。

事实上，在所有这些领域，你还可以有更多的变化。

> 你知道吗？我们每个人都是一个巨大的宝藏，你可以试着探索一下，你是否可以将你会的专业知识变现？是否可以用你的兴趣变现？是否可以将你熟练掌握的某种技能变现？是否可以把你的某些经验变现？是否可以把你的资源变现……
>
> 我相信，在你的身上一定有你会但别人不会，或者虽然别人也会但做得没你好，或者别人和你做得一样好但你有独特之处的地方，这个地方也许就是你的价值所在。

第 2 节　思考 1：这么多方向，哪种适合我

面对这么多种选择，你是不是在想："我本来只是想从痛苦的牢笼里出去，结果一推开门，天啊，这怎么四面八方都是路？这下，我该选哪一条呢？你能不能直接告诉我一条路？"

真的很抱歉，我也挺想这样，奈何我不是算命先生，也无法像白素贞一样掐指一算看到你的前世今生。在你口渴，想吃水果但不知道想吃哪种的时候，我能做的就是给你看到品种尽可能多的水果，然后告诉你怎么挑选到自己心仪的水果。

稍后，我会给你两个公式，一个公式帮你找到适合你的方向，一个公式帮你验证这个方向是否正确。

在此之前，我邀请你放空下来，意识到下面两个本质问题。

(1) 所有的答案，都建立在"我想怎么活"之上。

(2) 我们的人生就像一个球体，事业只是其中的一部分而已，且我们所羡慕的别人生活中的那些光，仅仅只是真相的 $1/N$。

所有的答案，都建立在"我想怎么活"之上

在我做咨询的时候，很多人想要我直接给他们答案。他们不知道，做出正确选择的关键在于，弄清楚自己究竟想过一个怎样的生活。

被问到这个问题时，我的来访者往往会陷入一阵沉默。他们的思绪被我从一个"我要做什么"的现实问题，一下子拉回到了"我要怎么活"的生命问题。

令我惊讶的是，在 30 岁以上的来访者中，从未这样思考过的人不在少数。很多人的生活一直处在"脚本化"的运行中：上学、考大学、考研、工作、升职、结婚、养孩子……

北京朝阳医院的眼科大夫陶勇老师在做客樊登读书的"作者光临"栏目时，分享过一件事。

他曾被邀请到很多大学做分享。有一次，一个大学生站起来向他提问：

"你为什么那么乐观？"

"为什么不呢？你呢？"陶老师反问这位大学生。

"如果幸福是满分，我知道你（会给自己）打 98 分，（但）我可能也就'不及格'。"

"你这个回答惊讶到我了，你为什么觉得自己'不及格'呢？"

"过去在我上学的时候，从小学、初中到高中，全家就一个目标——高考，然后我确实考得不错，到了这个好的大学，但是当我再问我爸妈我接下来应该干嘛时，他们也说不清，说那就按部就班，考研、工作。但是考研考哪个方向呢？不知道。我就等于一下子到了一个人生的岔路口，没人告诉我答案了。"

他过去可能习惯于别人告诉他答案，当需要自己开始寻找方向的

时候，全家就陷入了集体迷茫。很多人可能都听过，现在有一种心理障碍叫"空心病"，有"空心病"的人找不到自己的价值和存在的意义，内心一片茫然。

如果我们一直保持"脚本化"的运作、"程序化"的生活，随大流，别人说什么就做什么，完全没有自己的想法，也不知道自己为什么这样做，那么很容易就会出现前面说的现象。

该怎么办呢？

(1) 赶紧从无意识的按部就班中醒一醒，开始主动地思考

可千万要记得一件事：我们是人，不是地蜂[①]、不是孵蛋的鹅[②]，我们完全可以突破这种脚本化的生存模式。

在我们的大脑中，有一样东西叫前额皮质，它仅存在于哺乳动物的大脑中，是一个十分关键的功能区，能够让我们超越对环境产生自动反应的"脚本化行为"。它就像是首席执行官一样，监督我们的思想和决策，包括确定目标、引导注意力、制订计划、组织行为、监督后果，以及管理大脑其他领域执行的任务。

你看，我们是有这样的功能的。当开始思考的时候，我们就已经在打破无意识的"脚本化行为"了。如果你想从程序化的生活中解脱

---

① 《弹性》这本书里提到，有一种动物叫地蜂，地蜂蜇了一个食物以后，会先把这个食物拖回到它们的洞口，然后进洞检查一下，看洞里边有没有异常情况，然后出来把这个食物拖到洞里边去。科学家做了一个实验：在地蜂蜇了一个食物并把食物拖到洞口以后，等地蜂一进洞，科学家就把食物挪到别的地方去；地蜂一出来，发现食物不见了，就去把食物拖回来，但拖到洞口以后，它并不是直接把食物拖进洞，而是又把它放在洞口，自己再进去检查一遍。做了几十次实验以后，科学家发现地蜂的表现完全像是一个被编好了程序的机器：它把东西拖到洞口之后，一定要停下来，进去检查一圈，才能够拖进去。这就是它的脚本化行为。

② 在孵蛋时，如果蛋从巢里边滚出来了，鹅妈妈会把脖子伸出去，把那个蛋夹在下边拿过来。生物学家做了一个实验：当鹅妈妈的蛋滚出来了以后，鹅妈妈去拱了一下，拱到一半，生物学家把蛋拿走。那个蛋明明已经不见了，但是鹅妈妈依然会接着拱，把这套动作做完。这就是一种脚本化行为。

出来，或者你不想再次没过多久就又陷入迷茫，请你这次一定要去思考这个根本性的问题：你究竟想过一个怎样的后半生？

(2) 保持正念

如果在做一件事之前，你能够时时刻刻对当下保有觉知，这就叫作保持正念，例如摸到了一个杯子，去感受一下杯子的温度、杯子的触感。这种状态能够帮助我们回归到当下，减少生活当中"程序化运行"的情况。

保持觉知，思考自己当下是不是和喜欢的人（包括你的家人、同事、朋友、客户等）在一起，是不是在做着喜欢的事，明白自己的感觉如何，是开心的、焦虑的、有成就感的，还是无感的？

(3) 增加弹性思维

《弹性》这本书里提到，拥有弹性思维能够帮助我们减少脚本化行为。机器能够非常好地程序化运作，但是没有办法突然爆发出一个创新的想法。打破范式，跳出固有的程序，这是我们人类特有的能力。

你一定要试着从每天繁忙的工作中跳脱出来，哪怕就只是散散步的时间也好，要让自己的大脑空下来，去回忆一下最近发生了什么，去洞察在你大脑中闪过的想法，去提升自己的洞察力。千万不要一停下来就玩手机，无休止的信息会让你的大脑无法停下来思考。

想想看，这是多么恐怖的一件事！如果一个人总是被各种信息塞满，人生的每一步都像设计好的一样，完全没有自己的意识和决定，那么和提线木偶有什么区别呢？

当拥有了弹性思维，你真的会感受到一种愉悦和畅快，因为你的念头和行为会触发大脑的"奖励机制"，促进多巴胺分泌。想想当你突然有了一个灵感，突然从麻木中顿悟、恢复了意识时的感受。

我们的人生就像一个球体

第二个一定要提前了解的事实就是：有时我们会想活成某个人的样子，羡慕他的生活、他的收入、他的感情、他的外表……我们会被他吸引，也会被这种光芒刺伤而自叹不如。

曾经有一个来访者说："我真的好羡慕 A 啊，她真的好优秀，我要是也能像她一样年入百万就好了——就是一半也行啊。"

我对她说："你是家庭教育咨询师，只要找到了适合你的路径，或者参考一下她的模式，你当然也可以实现。"

她说："哎呀，我不行啊，我得照顾孩子，我也没人家专业，也不太会运营……"

我说："你知道吗？A 有两个孩子，上个月，她老公出差，她自己要照顾两个孩子，两家公司，两位老人，每天早晨 6 点还坚持做直播，分享家庭教育的知识。"

事实上，我们羡慕的只是别人生活中"向光"的那一面。我们看到的是人生这个球体中向光的那 $1/N$，却没有看到别人背后的那部分（N-1)/N（图 3-1）。对于自己，看到的则都是自己没被阳光照射到的（N-1)/N。可事实是什么？你明明也有这 $1/N$，却只是在羡慕别人生活中的 $1/N$。

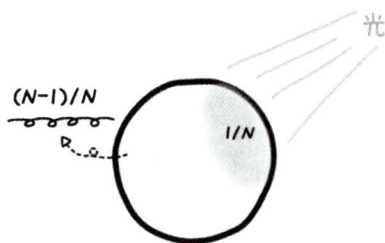

图 3-1　球体的人生模型的两面

人生是一个球体，它也不只有外面看到的那一面，球体内部的这些真实感受，也是生活的一部分（图 3-2）。

图 3-2　球体的人生模型的内部和外部

所以，当你开始重新规划未来时，请你做到以下 4 点。

(1) 不要只沉浸在事业的选择上，因为它只是生活中的一部分而已。除此之外，你还有生活、有家人、有朋友、有爱人、有自己的爱好和梦想等。这所有的一切，都共用着一套时间，共用着一个身体，共用着一份精力。

所以，如果要重新规划你的后半生，请你一定要联系起来综合分析，再做出选择。

(2) 去感受真实。因为生活的体验感，是我们最无法自我欺骗也最逃避不掉的。朋友圈里的未必是生活，生活不是炫耀，更不是伪装，生活是如人饮水，冷暖自知。

所以，当你畅想自己的后半生时，请记得自动补上那光亮背后的 (N–1)/N。否则，当你真正去做时会发现，这和你当初想的不一样。

(3) 看到自己向阳的 1/N。你的身上一定有能够温暖到别人的光，请记得：不要慌，太阳落山了还有月光。

(4) 把未来的样子具象化，坚定地去实现它。

我现在越来越坚定我想要怎样的生活，所以，当有一位老师对我说面对内卷，"你要更加努力，去'卷'得过别人"时，我毅然决然地拒绝了这样的建议，坦然地说"我不想陷入这样无休止的焦虑和追逐，我不想要这样的生活。"

我想要的是"一手生活、一手事业、一手梦想"，生活是排在第一位的。为了实现这样的生活，我可以调整我的事业；而面对事业中大家最为关注的收入问题，我会去调整我的工作方式、产品结构、盈利模式、资产管理，像《小狗钱钱》中提到的，养大一只会下蛋的鹅，然后提升下的蛋的数量和质量。上个月，我就重新对我的存款进行了配置，用半个月的时间研究了投资理财，好增加钱生钱的概率。有了收入的保障，我可以持续不断地去实现自己的心愿和梦想，例如持续不断地写书，去大学教书，过有温度的生活：心无旁骛地陪伴母亲逛超市、看电视剧、帮她过消消乐的关卡，一起养花。你看，我又回归到了最开始的生活。

所以，我相信，当"以生命为单位"来规划自己的后半生时，你才有可能把你生活中的多重角色最大限度地平衡好，不至于丢了西瓜捡了芝麻。

具体怎么规划呢？

送给你两个公式：

公式 1：初步方向 = 我想要什么 + 我喜欢做什么 + 我在乎什么

这其中有 3 个要素：我想要、我喜欢、我在乎。我会分别在后面的第 3 节、第 4 节和第 5 节详细探讨。

公式 2：最终选择 = 初步方向 + 市场验证 + 心理验证 + 体验验证 + 时机验证

关于这些内容和配套的工具，我会在第 4 章中详细拆解。

第 3 节　思考 2：我想要什么，我想活成怎样的自己

"你看啊，你花了这么多的学费，学了这么多的知识，你真正想要的是什么呢？"

"我……嗯……"良久的沉默。

"我想要的是什么？我想要的……是什么？佳韵老师，说实话，我还真没想过这个问题，我就是觉得什么都想学点儿，但是现在又发现什么都没学好，学完之后自己还是原来的样子。"

这是在咨询时非常常见的两种回答：沉默和"不知道"。

这让我不禁想象出这样一个画面：你想冲出去，向四周无数次来来回回拼命地奔跑，却始终不知道该去哪里。

这个时候，让自己坐下来吧。试着想一想下面 3 个问题。

(1) 回想你曾经感到过满足的情形，当时你做了些什么？你为什么感觉非常良好？（尽可能准确地描述。）

(2) 你最佩服谁？为什么？举出一两个你的人生偶像，用几个词描绘一下这个人。

(3) 你希望朋友们怎样缅怀你？假设你已经不在人世，你希望在别人心中留下怎样的印象？他们提起你时会有怎样的感觉，会用怎样的表达纪念你？

这就是我在咨询中时常会用到的"三看三问"模型（图 3-3）。简

单来说，这 3 个问题其实是让我们在一瞬间穿越到过去和未来，去看"过去"的满足事件、"现在"的人生偶像和"未来"的缅怀印象。

人 生 偶 像
看外面OUTSIDE

满 足 事 件
看过去PAST

我想要的

缅 怀 印 象
看未来 FUTURE

图 3-3 三看三问模型

我曾经迷茫时就是用的这个工具。我大学所学的是管理类的市场营销专业，毕业后去了可口可乐等世界 500 强企业做品牌管理工作，做过很多千万级别的项目，也从 0 到 1 开创过新部门，并且几乎在每家公司都留下了创新的成绩。

在世界 500 强企业任职期间，我学会了活动策划、品牌运作、新媒体运营、危机公关、客户服务、培训、项目管理、猎头招聘、PPT制作和演讲等。在业余时间，我举办了多年的跨界品牌联合会、女性公益论坛和沙龙等。除此之外，我还学习了心理咨询、生涯发展规划、沟通、演讲、情绪管理、天赋解读和 DISC[①] 等。

看到这些，如果你是我的咨询师，你会不会一阵头皮发麻，心想："这个人到底是干什么的？她究竟要做什么？"

说实话，在决心重新出发时，我真的懵了。

我究竟要做什么？

我究竟想要的是什么？

我所会的这些，究竟哪些是能为我的未来助力的？哪些是能为我带来快乐的？

---

① 马斯顿设计的一套行为测验方法，其名称源自这套方法中测量的4项因子，即支配（Dominance）、影响（Influence）、稳健（Steadiness）与谨慎（Compliance）。

从令你感到满足的事情中找到方向

于是，我问了自己第一个问题：

回想你曾经感到过满足的情形，当时你做了些什么？你为什么感觉非常良好？（尽可能准确地描述。）

我想起我成年以来第一次特别满足，是高三毕业的那年暑假，我去做家教[①]。当拿到人生中第一张用自己的劳动换来的百元大钞时，我由衷地感到兴奋。这种兴奋不是因为有钱了，而是因为我终于有能力回报母亲，有能力养活家了——我有能力了。

我记得特别清楚，在拿着那一张 100 元的人民币回家的路上，我特意去到水果市场，买了许多母亲爱吃的水果回家。在骑着自行车回家的一路上，我都能感觉到，连吹在脸上的风都是笑着的，似乎有一群"风精灵"围绕在我耳边为我庆祝。

第二件特别满足的事，是在大学期间自给自足。我每个寒暑假都去打工，上学期间也抽空做兼职，再加上奖学金，我轻松赚足了 4 年的学费和生活费。有一年夏天，我听到一则新闻报道，说天气太热，有些老年人因此中暑甚至离开人世，我被吓到了，立刻给家里更新了空调、洗衣机、电视机等家电。

---

① 在那个年代，还很少用网络，在郑州大学校门口每天都聚集着一大批"家教"。一旦有家长过来，我们瞬间就把他们围得里三层外三层。家长手中瞬间被塞满厚厚的一沓简历、联系方式，大家七嘴八舌地抢着介绍自己。也有家长曾被这样的热情"吓走"。在这批人里面，我是唯一一位刚高三毕业的女生，其他人均是大学生或家教机构工作人员。有个别好心人满脸心疼地对我说："你抢不过他们的。"然而，凭借着小细节和营销手段，我拿到了一个辅导高一女生物理的机会，而且我每小时的辅导费用在这群人中并不算低。

我到现在都记得母亲那种欣慰的表情，还有我付款时那种满足的感觉——我终于，又有了更多一点照顾家的能力。

第三件事，是直到现在我都特别满足的事，就是无论当下自己状态如何，只要进入我的咨询时间，我都会莫名地变得兴奋和逻辑清晰。哪怕是和来访者聊到凌晨 2 点，依然能够能量满满，丝毫没有疲惫感，尤其是当我听到他们的声音从最初的无力、迷茫，变为爽朗、有活力，听到他们"咯咯笑"的时候。当听到他们告诉我他们的梦想终于实现时，我的心里会升起一种抑制不住的感动，我由衷地为他们开心。

如果此时你是我的咨询师，听完我讲的这 3 件事，你会发现我想要什么吗？

没错，我想要有能力照顾我所关心和在意的人，我想要帮助别人摆脱困扰、实现心愿，我想要让更多人幸福地活着。为什么我想要这样做呢？内心的动力又来源于什么？

细想之后，我才发现我"真正的渴望"——我希望能实现自己在这一趟生命旅程中的价值，在人生画上句号的时候，回想此生，能够欣慰、满足地说一句：此生，我来过，我曾经帮助过那么多的心灵。

这让我想起一个角色——"摆渡人"：陪你渡过阻挡在你面前的河流，或者带你去到梦想的地方。后来受到电影《解忧杂货店》的启发，我启动了"解忧时间"，努力成为一位"心愿摆渡人"。你看，未来的方向，就这样找到了！

如果可以，请你在今晚——就在今晚——夜深人静的时刻，给自己空出 30 至 60 分钟，好好想想上面那些问题的答案。愿你也能够找到自己的方向，勇敢而坚定地走下去。

在回答这个问题的时候，一定要尽可能详细地回忆：当时的你做了什么（行为）？是怎么想的（认知）？你的具体感觉怎么样（情绪）？然后，透过这些，进一步想想你究竟想要什么、在意什么（源动力）。

因为，你的答案中所包含的行为、认知、情绪和源动力，正是心理学中个体探索不可割裂的四部分（图 3-4）。

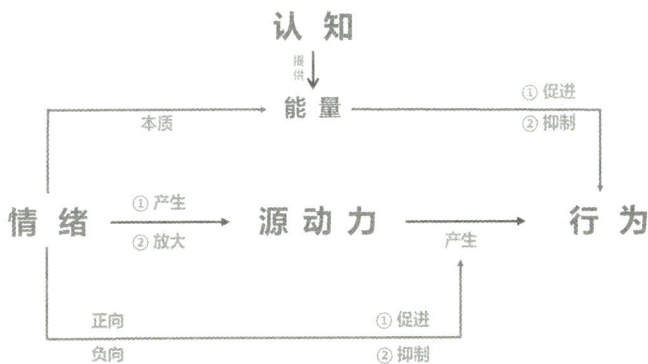

图 3-4　行为、认知、情绪和源动力之间的关系

对某个行为、事件的认知，会让我们产生相应的情绪（情绪 ABC 理论），也会影响我们的行为（例如前文提到的"脚本化"生活）；行为的背后，藏着我们内心的源动力（例如，孩子不想写作业的原因之一，很有可能是和父母对抗）；而看见我们自身的源动力，才能发现我们内心力量的根本来源——情绪，情绪的本质则是一种能量，它放大了我们的源动力（例如，我们可能只是想有份工作养活自己，而对失业的恐惧则会加重我们想要更加稳定的工作的愿望），有时也会产生源动力（例如，长大后，虽然认识了更多人，却觉得更加孤独，因此我们特别渴望交到真心真意的朋友）。

源动力能够触发我们的行为，而情绪能促进或者抑制这个行为的发生。例如，你本想找份钱多事少离家近的工作，好不容易出现了一个机会，可你发现公司里充满了工作的倦怠、处处钩心斗角，你厌恶这样虚度生命，于是你拒绝了，而另一个人特别擅长交际，就喜欢这样轻松的工作，欣然入职。

因此，情绪比源动力更能够影响你的行为。可情绪带来的能量，究竟会对行为产生正向的促进作用，还是负向的抑制作用呢？这不仅和前文提到的认知有关，并且和情绪与行动之间是否建立了连接、建立了怎样的连接有关。

举个日常生活中的例子。很多人特别讨厌下厨，除了不会做饭以外，有一个很大的原因就是，没有将"下厨"这件事和"积极的情绪"建立连接和正向反馈，也就没有了情绪所能持续提供的能量和动力。如果将下厨和麻烦、被使唤的感觉连接在一起，感受肯定不好；但如果是和照顾所爱之人连接在一起，就会感到美好和充满动力。

之所以要让你详细地感受曾经为你带来满足、幸福的积极情绪的行为究竟是什么，就是为了让你在下一步，在你所找到的方向、价值服务以及具体的关键业务中，可以继续为自己创造满足、幸福的积极情绪。这种积极的情绪，能够为你提供正向的能量，给你正向反馈，正向地触发更为持久的行动。

此刻，你已经了解了行为、认知、情绪和源动力的紧密关系，相信你可以更好地理解并回答这个问题了。

从喜欢的人身上发现自己真正想要的

接下来，我问了自己第二个问题：

你最佩服谁？为什么？举出一两个你的人生偶像，用几个词描绘一下这个人。

我的脑海中出现了几个人的身影，他们中有人亲和、真诚、温暖，有人知性、有气质、有内涵，有人洒脱、大气……

我们喜欢的人身上，一定藏着我们自己的影子。心理学中有一个"投射"现象，人们会把自己的性格、态度、动机或欲望，"投射"到别人身上。其实，静心分析我们所喜欢过的偶像、痴迷的电视剧、喜欢过的人、梦里的情境、画过的画、生活过的空间，都可以看得出我们自己当时的心境、渴望什么、恐惧什么、留恋什么、担忧什么，都是我们内心的一种折射。

所以，第二个问题的核心不在于你是否有人生偶像，而在于从自己所喜欢的偶像中，读懂自己内心真正想要的是什么。

就像，有的人喜欢古龙小说中某位侠肝义胆的大侠，有的人喜欢电视剧中对恋人呵护有加的霸道总裁，有的人喜欢脚踩高跟鞋、雷厉风行的职场女高管，有的人喜欢舞台上聚光灯下的舞蹈演员，有的人喜欢田园生活中的某位邻家奶奶……

每一种喜欢的背后，都藏着我们自己内心的向往，或者藏着我们的渴望或恐惧。

原来，我希望成为一个待人亲和、真诚、温暖的人，但又不希望自己柔柔弱弱的。我希望自己有力量，这种力量不是来自大喊大叫式的强势，而是真正的内在的强大，是知性、有内涵、有气质。但是我又不希望这份内涵过于一本正经、枯燥乏味，而是更喜欢知性中透着些许灵气、活泼和恣意洒脱。

"是不是想要的太多，太贪心了啊？"

以前我真是这么想的，我觉得我做不到，甚至为此特意请教了我在可口可乐公司时的第一位人生导师 Melody。

"Melody，我觉得自己身材不够高大，性格又比较活泼，没有什么威慑力，我担心以后……没法做好管理岗。"

"那你觉得我活泼不？"

"嗯，工作的时候挺认真严肃的，平常一起玩闹时挺活泼的。"

"这就对了啊，工作的成绩和你的性格并不冲突啊。保持你的个性，才能愉快地活。"

对啊，我只要工作中做出好成绩就好，日常交流中完全可以做自己啊。

从那之后，我开始明白"角色切换"的秘密。

事实上，这就是我近几年发现的"跨界力"的雏形——学会随时切换自己的角色状态——你完全可以是一个更加完整和多样化的丰富的自己。在恋人面前可以娇羞；在父母面前可以像个小公主；在团队面前，可以是个"大姐大"；在领导面前，可以是个足智多谋的军师；在新知面前，可以是个谦虚的小学生；在闺蜜面前，可以放肆地像个假小子……

不管你想成为怎样的你，请记得：一定要成为你最想成为的样子——无关他人的期待。

赶紧大大方方、"明目张胆"地写下你想成为的样子，之后，就这样真实地活着吧。

从期待的评价中找到你的价值

最后，我问了自己第三个问题：

你希望朋友们怎样缅怀你？假设你已经不在人世，你希

望在别人心中留下怎样的印象？他们提起你时会有怎样的感
觉，会用怎样的表达纪念你？

我在最低谷的那段时间，躺在床上看着窗外黑漆漆的天空时常
在想：

"如果觉得人生毫无意义了，想画上句号了，那么我希望我的句
号会成为别人生命中一个怎样的符号？"

幸运的是，我找到了答案。

我希望别人在偶然想起我时，会觉得这位女士是一个善良、美好
又自在的人，她曾经带给我温暖、希望、启发和成长。

如果让大家对我默默讲一句话的话，我希望是：很开心你曾经出
现在我的生命里，给我带来过一丝温暖的光。

那么你呢？你希望别人如何回忆你？

假如我们是人生编剧，那么上一题，我们在重新思考和设计我们
这个角色的形象和特质；而这一题，我们在设计这个角色的价值和影
响力。

由此，我们就能推断出，基于这样的性格特质和性情爱好，要想
让这个角色完成这样一个使命，需要设计出怎样的剧情发展路线。

如果你实在想不出，就想想在过往的生活中，别人都是怎样评价
你的，你最喜欢怎样的评价，最不喜欢怎样的评价。如此一来，你的
答案一定会出现。

第4节 思考3：我喜欢做什么？—— 找到自己的热爱、兴趣

至此，你已经通过"三看三问"找到了自己内心真正想要的东西。现在，请重新浏览一遍你的答案。

然后思考：面对100种赋能型事业，我如何选择才能实现这些发自内心的愿望呢？为了实现愿望，我又将付出什么？这些付出我是否能够承受？这些付出是否会与我内心真正想要的生活背道而驰？

还是以我为例，我特别渴望的是成为一个对他人有价值、有能力、温暖又自在的人。

- 我的满足感：对他人有价值，能够成为别人生命的摆渡人。
- 我向往的风格：温暖、知性、有气质、有内涵，同时不失灵气、洒脱。
- 我喜欢的口碑：她（也就是我）为我带来过温暖和光亮。

这正是我们在回答前面3个问题时找到的答案：满足感、向往的风格、期待的口碑（价值呈现）。

缩小选择范围

现在，我们带着这些愿望，重新去回顾本章第1节提供的100种事业选择，寻找符合的选择。

如果你找到了，且是你喜欢的、擅长的、符合市场需求的，那么恭喜你，继续看下一章即可。

如果你发现符合你心愿的并非只有 1 个选择，该怎么办呢？

以我为例，按照我的答案去寻找的话，下面这 12 个方向几乎都符合：心理咨询师（仅这一项就包含多种细分领域）、家庭教育指导师、学校老师、企业讲师、作家、整理师、化妆师、形象顾问、读书会创办人、油画工作室主理人、花店店主、甜品师。

现在，我们要再次进行筛选。

第一步，请试着问自己一个问题：

我喜欢做什么？我的兴趣是什么？

第二步，请开始缩小范围。

在此，我为你提供 3 个思路。

思路 1：列出兴趣，取交集。

你可以列出你的兴趣所在（这里所说的兴趣，是对他人有价值，也就是可以发展为事业方向的兴趣，而非单纯玩乐的兴趣），然后取和上面的答案的交集。

如果你不知道自己的兴趣是什么，请稍后，我们马上来解决这个困扰。

思路 2：筛选出感兴趣的选项。

你也可以从上面的答案中直接选择一个你相对比较感兴趣、内心感应强烈的方向（内心感应强烈，也就是你每次看到这个答案，想到你正在从事这件事的场景，内心就会充满动力、希望和满足感等正向的情绪）。

例如，我最有感应的就是咨询师、作家、学校老师，次之的是企业讲师、整理师。那么，我就可以把它们圈出来，进入下一轮的分析中去。

思路 3：排除掉不喜欢的选项。

你也可以从上面的答案中，直接用排除法，逐一排除你想做、不喜欢的选项（可以留意你在看到这些选项时自己的微表情，例如你是否不经意间皱了一下眉头；身体是否突然发紧；脑海中是否突然出现了某些画面；你的胸口、胃部是否出现了某种不舒服的情况等）。

无论何种方法，你都可以试试。甚至，你可以用 3 种方法多重验证一下。

以我为例，在找到的 12 个可选项中，我发现有几个是我看到之后眉头不自然地皱了一下的，例如形象顾问、化妆师；还有几个是我突然觉得胸口压着一块大石头的，例如读书会创办人、甜品师；还有几个是我内心会出现隐隐的焦虑和茫然的，例如花店店主、油画工作室主理人。

为什么会有这样的细微感受？

- 因为我的专业并非形象顾问、化妆师，从个人爱好上讲，我虽然非常感兴趣，在日常的咨询中也会将相关的技术和知识提供给来访者，但它并非我愿意从事的事业。
- 由于我对线下活动的质量要求很高，而我目前参与的读书会中，让我有极强的体验感的寥寥无几。换言之，举办读书会的门槛虽然不高，但是举办高体验感的读书会的难度非常大。此外，对于甜品师，坦白说，我在做饭上真的是缺少天赋，虽然我很喜欢，但实在是自己的短板。
- 从市场发展来看，现在的花店、油画工作室、书店等令无数文艺青年向往的事业，越来越难经营，在我身边就有赔了几万元到几十万元的朋友，甚至也有朋友选择用自己另一项事业的利润来维持这项美好的事业。

以上这些分析方法，我在下一章会详细讲解。

即便你现在还未了解这些分析方法，但别担心，你的潜意识已经提前启动，所以会带给你这些细微的感受。

细细分析，你会发现那些皱眉、胸闷、紧张、焦虑和茫然等微表情和感觉，事实上都在指向一件事：这个选项，为我们带来了一定的负向情绪。

而我们要寻找的是能够为我们带来正向情绪，激发我们产生源源不断的源动力的选项，也就是找到一个可持续热爱下去的兴趣。

找回丢失的兴趣

如何找到呢？有下面 3 个方法。

方法 1：使用"生命线记录图"。

在以一个全新的视角，一次性地回顾过去时，总能发现很多"我们深陷其中"时忽视掉的东西，尤其是我们"真正的兴趣"。具体的探寻方法请参考第 2 章第 2 节，在此不再赘述。

在这里，我们来提前考虑另一个重要的问题：如何判断目前的事业是否是自己"真正的兴趣"？

你可以尝试回答下面 9 个问题[1]。

(1) 你可以不假思索回答出自己工作的目的吗？

(2) 工作时你能够全神贯注吗？

(3) 你曾有过在工作时，整整半小时完全对外界没有产生任何反应的体验吗？

---

[1] 这 9 个问题摘自《花掉的钱都会自己流回来》。

（4）上班（有工作）的日子，是不是总觉得时间过得特别快呢？

（5）你能够立刻说出从目前工作中所得到的成果吗？

（6）你的工作是否经常要面对未知的挑战？

（7）你是否能够感受到，你的工作内容和日程是由自己支配的呢？

（8）你的工作场域是否不易受到他人打扰？

（9）如果每个月都能平白得到一笔和你目前工作收入一样多的进账，你还会继续从事目前的工作吗？

回答完了吗？我们现在来看测试结果。

如果在你的回答中，有五六个"是"，说明这份工作能够带给你足够的满足感；如果只有一两个"是"，则需要重新考虑一份事业了。严格来讲，有 9 个"是"，或者 0 个"是"的情况非常稀少，平均值是三四个"是"。

但是，其中有一个很特别的问题，也就是第 9 题。如果你的回答是"是"，那么无论其他 8 个问题的答案如何，都说明你已经找到你特别喜欢的工作了。

方法 2：问自己下面 5 个问题。

问题 1：想想 20 岁之前的生活，那时你喜欢做什么？

现在的人们很令人心疼，长大后就丢掉了自己，成了别人。为什么我们自己居然不知道自己的兴趣在哪里？有一种可能是，我们活得太"有用"了。所有对目标无用的快乐都被后置甚至封存起来了。久而久之，我们就忘记了我们心中的火花。推荐一部电影《头脑特工队》，想想看，你的兴趣"记忆球"是否也丢掉了呢？

别担心，事实上，如果我们突然对某件事情感兴趣，那么向我们人生的前几年追溯，大概率是可以追溯到原型或者某种元素的。

例如，我现在喜欢做咨询工作，这在我很小的时候就有了先兆：我在小学的时候就喜欢给同学讲题；高中的时候，曾帮助一个有些抑郁的同班同学回归到正常上学状态；大学的时候，任心理协会会长和女生部长，时常组织各种活动；我还在很多演讲比赛中获奖……

这些过往的兴趣中包含的元素，例如喜欢分享、愿意陪伴、温暖体贴、乐于表达，都是做咨询中很重要的因素。而大学时的兴趣——心理和女性成长，则在一定程度上是我现在从事的事业的雏形。虽然在我的来访者中也有男性，但女性比例高达 90%。

所以，好好回忆一下 20 岁之前的生活，看看那时的你喜欢做什么，为什么喜欢。也许当时的你只是随心而发，但现在想来，却能从中找到你真正兴趣的蛛丝马迹，然后将它"显化"出来。

问题 2：哪些事情让你拥有源源不断的动力和满足感？

如果没有挣钱的压力、没有"搞不定"的烦恼，甚至说，这件事不挣钱，也不会让你出名，但你在做的时候，依然充满动力和满足感，这件事有可能是什么？

我从小就喜欢画画，也拿过一些国内外的奖项，在考虑转型的时候，我曾经想过是否要开一个零基础油画工作室，毕竟在我最低谷的时候，画油画成了我的寄托，也为我走出低谷提供了很大的能量。

然而，当和一些开办油画工作室的姐妹深度沟通时，我发现自己没有想象中的那么有动力和满足感，似乎"开一家油画工作室"仅仅是一个憧憬、一份羡慕和崇拜而已，我并没有足够的动力去实现它。而"喜欢油画"这件事，也仅仅是我的个人兴趣，而非足以成为我事业方向的兴趣。

对我而言，我曾经以为帮助人们成长的方式，是去看见更多的可能性。于是从 2016 年起，我和朋友举办了很多期的 LADYDONG 全球视野女性论坛和主题沙龙，当时的心愿是：让更多人近距离地感受到国内外优秀作家、行业大咖的思想和能量，同时也发掘自己身边的优秀榜样，这样一来，卓越的人可以给我们光，身边优秀的人给我们榜样和参考。

几年来，我们的确影响了很多人。然而，我后来发现，这种方式有一定的局限性。即便在活动中，人们眼神发光，似乎找到了自己的"生命火花"，然而一旦回归到生活就被打回到原形，很容易一切照旧。

后来，我尝试了直播、线下课、线上课、咨询、年度私教等多种方式，终于确定了一件事：于我而言，能够深度影响到一个人，帮他们突破卡点、摆脱困扰、实现心愿的方式，是深度的交流、长期（一段时间）的陪伴。这也是近年来，我一直深耕咨询和年度私教这两种方式的原因，这两种包含了生涯发展、心理咨询、实操指导、知识顾问等的综合性的咨询方式不仅带给我的来访者巨大的变化，也带给我极大的动力和满足感。

因此，请你一定要区分两件事。

第一，当你真正要躬身入局去做的时候，对你所喜欢的事情，是否还有"想象中"的那份动力？

第二，你所喜欢的事情，仅仅是你的个人兴趣，还是足以发展成事业？

问题3：哪些事情能让你全神贯注几个小时还不觉得疲惫？

想想看，你过往的生活中，有没有出现过这样的情况？

"哎呀，怎么这么晚了？"

一不小心，你就忘记了时间。似乎做这件事的时候，时间总是过得很快，而你也总是格外专注、格外平静、格外充实。

这种感觉，就是心流。

心理学家米哈里·契克森米哈赖[1]（Mihaly Csikszentmihalyi）定义心流为一种将个体注意力完全投注在某活动上的感觉。在心流产生时会有高度的兴奋及充实感，人们会进入一种忘我的状态，时常会忘记时间。

什么样的活动容易让我们进入"心流时刻"呢？

米哈里提出了这样的活动的以下特征（不必同时具备）：

(1) 我们倾向去从事的活动。

(2) 我们会专注一致的活动。

(3) 有清楚目标的活动。

(4) 有立即回馈的活动。

(5) 我们对这项活动有主控感。

(6) 在从事活动时我们的忧虑感消失。

(7) 主观的时间感改变，例如可以从事很长的时间而不感觉时间的消逝。

(8) 我们对于所从事的活动是力所能及的，且活动是具有一定挑战的，我们可以通过不断地练习来提升能力，超越更高的难关。

如果一时之间想不到曾经有过什么心流时刻，那么可以对照着这 8 条特征，对你现在或未来感兴趣的事情做一个检测，你就会找到答案了！

问题 4：哪些事情让你不惧怕未来有可能遇到的困难，且以突破挑战为成长的乐趣？

如果我们想起某件事，怕东怕西、畏首畏尾的，那么这件事情很有可能不是你的事业兴趣所在。

---

[1] 米哈里·契克森米哈赖（1934 年 9 月 29 日—2021 年 10 月 20 日）是积极心理学奠基人之一，"心流"理论提出者。

突然想起我曾经受邀在某平台上定期直播时的心情。当时我主要做两件事：分享和现场连线咨询。这对我的挑战是极大的，我永远无法预判直播间所提的问题，更无法判断这些问题我是否能够圆满回答。

有一次，我接到一个连线，提问者被自己的婚外情感纠葛问题困扰了十年之久。坦白说，当时我并不主修情感咨询，但我知道，咨询的核心本质是协助咨询者一起看清问题的本质，更懂自己，从而找到出路。我们一起抽丝剥茧地挖掘这份困扰背后的真相，一起商谈了行动方法。

没想到的是，第二日傍晚，我就收到了他发来的很长一段的感谢信，困扰他十年之久的情感问题，终于解决了！他如释重负。次月，他告诉我说，他重新启动了一个大项目，干起来相当有劲儿。

这件事让我明白我有多喜欢咨询这件事，喜欢到我甚至不会因为问题尚未接触过而怯懦或自卑，我甚至爱上了这种新鲜感和挑战感。每个人的困扰都不同，而那些看起来相似的困扰，底层真相也不同。这种挑战感，让我在咨询这条路上越走越远、越走越宽。从事咨询多年后，我终于从紧张、不安，变成从容、热情。

问题 5：哪些事情让你在提供价值的过程中，仍然感受到自己被滋养，而非被消耗？

我们真正感兴趣的事情，会让我们不由自主地充满动力，拥有源源不断的能量，容易进入心流状态，不知疲惫。换句话说，就是我们会被这件事滋养到，这种滋养会随着时间的推移，在我们身上显化出来，表现在经验、能力、心力和状态上。哪怕你此刻的个人能量较低，但一接触到这件事，你的能量就会高起来。

但有一些事情，会让我们感受到自己在被消耗：原本能量满满的你，在做了这件事之后，或者一想到这件事，就像泄了气的球一样。

在做细分领域的定位时，我们要尽可能地选择让我们自己能够感受到被滋养的领域，尽可能避开消耗我们的领域。

"那如果大家都避开了消耗自己的领域，这件事情岂不是没有人做了吗？"

那可未必。你感受到滋养的领域，对别人而言，也许恰恰是一种消耗；而你感受到消耗的领域，对别人而言，也许恰恰是一种滋养呢。

方法 3：建立自己的兴趣飞轮。

如果你想要舒适、自在、开心地做一份长久的事业，一定要选择你自己感兴趣的。

但在实际生活中，我常听到下面这样的烦恼。

- 烦恼 1：做感兴趣的事，养活不了自己怎么办？——其实就是担心变现问题。
- 烦恼 2：我挺喜欢 ×× 的，但我觉得自己还不够专业、怕做不好。——其实就是担心实力不足，怕自己不会，会了又怕做不好，做得不错了又怕没别人好。
- 烦恼 3：之前感兴趣的事情变成事业之后，我反而失去了兴趣。——其实就是兴趣无法持续的问题。
- 烦恼 4：我不知道自己的兴趣是什么。——其实就是前面讲的如何找回丢失的兴趣的问题。

……

你有过上面这样的疑问吗？

事实上，"做喜欢的事业"和"把兴趣变成职业"之间，是有很大的区别的。并非所有兴趣都适合你转化成职业，你一开始不那么喜欢的事业也并非无法变成你的热爱。

要做一份喜欢的事业，其中包含了下面几个因素。

(1) 有心动——原始动力。你觉得感兴趣，做这件事很兴奋，哪怕是熬夜也不觉得辛苦。

(2) 有能力——正向反馈。因为喜欢，你投入了源源不断的精力和努力，在这个方面持续成长，更加专业和有能力；而你的能力帮助你完成了具体工作，你能及时感觉到正向的反馈，有成就感、很踏实、充满希望。

(3) 有收获——价值呈现。你感受到了自己的价值，还实实在在地收获了价值（金钱、名誉、机会、地位和关系等）。

这就是生涯发展规划中最常见的兴趣飞轮模型，是关于兴趣、能力和价值的（图 3-5）。

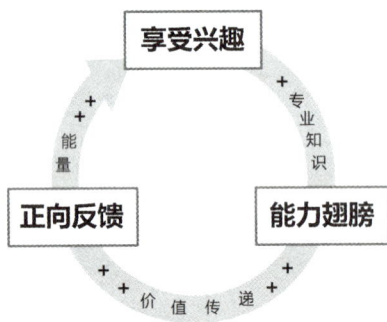

图 3-5　兴趣飞轮模型

因此，建立自己的兴趣飞轮，只需要三个步骤。

第一，充分沉浸在"心动兴趣"中，借助你所拥有的原始动力去享受它。

我在做咨询的最初时刻，并非是一位拥有资格证的咨询师。那个时期，我正在做大量的活动，结识到相当多的朋友，渐渐地，大家有了困扰就主动找我聊。我每次都热心相迎，贡献智慧，与此同时，也享受着咨询中的乐趣。

因此，找到兴趣后，就随心去追随你的兴趣吧，和你的兴趣谈场恋爱，用心去享受兴趣带来的心动。

第二，补充专业知识，插上能力的翅膀。

一边享受心动和乐趣，一边补充扩展专业知识，为兴趣插上能力的翅膀，兴趣就可以飞得久一点。有了能力，困难带来的无助感就会大大减少，相应的成就感也在大幅增加。成就感和掌控感持续给兴趣提供能量，兴趣才不至于像前面提到的烦恼 2 和烦恼 3 那样，给你带来无力感或者干脆消失不见。你的自我感觉会非常良好，信心和希望会随之增强。

当越来越多人喜欢找我聊天解决烦恼时，我意识到一件事：我不能再这样仅凭自己的认知、经验去提供建议，我必须为他们提供专业的建议，才是真正对他们负责。

于是，我立刻考取了国家二级心理咨询师和生涯规划师的证书，买了大量的专业书恶补知识，并启动了"解忧时间"，每周开放一定量的公益咨询名额。这样的"学习→实践→学习→实践"的循环，让我快速成长起来，咨询起来更有信心，也更加得心应手。

因此，要尽快让你的兴趣"成熟"起来，不能仅仅是兴趣，还要拥有达成结果的能力。

第三，建立"正向反馈"通道以及"价值呈现"方式。

之所以会像烦恼 1 和烦恼 3 那样，担心兴趣无法变现，担心兴趣不持久，根本原因都是没有正向反馈和价值呈现。

对于没有正向反馈的事情，我们总是会做着做着就没劲儿了。哪怕我们发个朋友圈，都不由自主地去看看有多少人点赞不是？

只是不同的人所喜欢的正向反馈是不同的。

有的人希望这个正向反馈是变现，有的人希望是一句赞赏或认可，有的人希望是一句回应，有的人希望是流量，有的人希望是机会，有的人希望是人脉，有的人希望是名声等。

而这些反馈对不同人而言，价值高低也不相同，并且价值呈现方式也不同。

所谓的价值呈现方式，就是将你的兴趣所提供的价值传递出去的方式，它与正向反馈刚好形成一个循环系统，一出一进（图 3-6）。

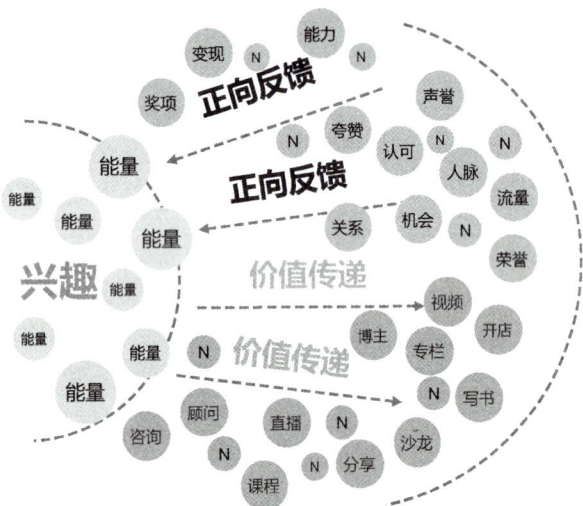

图 3-6　兴趣 - 正向反馈循环系统

以我热爱的咨询为例，我的正向反馈通道有：微信上收到的私信反馈、朋友圈的感谢信、手写的信、收到的学员礼物[①]、直播间收到的

[①] 此处的礼物来自朋友的感谢，服务内容也不属于严格的心理咨询。在严格的心理咨询中，为了保持咨访关系的平等，不建议咨询师收取来访者的礼物。

反馈、咨询中来访者的状态变化、我对咨询的把控和专业度的不断提升、收入，等等。

我的价值呈现方式有：咨询、年度私教、课程、直播、写书、专栏、受邀参与的线下分享等。

前者为我带来能量和信心，后者为我带来商业结果，两者一起推动着这件事的持续发展；而其中包含的挑战，让我拥有持续提升专业能力的动力和成就感，咨询过程中的心流时刻让我全身心地投入并享受这段时光。这就形成了我的兴趣飞轮。

找到自己的价值呈现方式

下面以大家关心的兴趣变现这种反馈方式为例介绍如何找到自己的价值呈现方式。

以"兴趣变现"为目的的价值呈现方式包含研发相关的教学课程（学员级、讲师级）、做咨询顾问、开店、新媒体内容变现、直播、受聘于某单位、组团队创业开公司、写书等等。

在此我们以读书为例。读书这件事，除了花钱、花时间之外，能不能变现呢？

当然可以。

首先，去找一下多数人在读书中的痛点，如读书慢、读完记不住、记住不会用、用了没效果、有效果但不大等等。还有人不知道读什么书、如何选一本好书、如何提炼重点、如何记笔记、如何买书更省钱、如何实现纸质书自由、如何收到出版社的免费赠书等。

然后，看看你在读书这件事上，最有心得体会以及最感兴趣的地方是什么，最好梳理一下你在这方面是否有能力优势、经验优势、资源优势和"背书"优势等。

然后从下面这些方式中选择自己适合的方式即可：读书会或书友会、好书共读直播（或沙龙）、作者见面会、畅销书 5 折专场、阅读课、读书笔记训练营、知识顾问、自媒体平台的读书博主、写书评等。

当然，不管你选择了何种方式，如果要长久，我都建议你一定要在读书这件事上，建立起自己的知识体系、方法体系，也就是你要研究出来你能够在读书这件令你心动的兴趣上，为他人提供的价值（足够专业、有实际效果的那种）。

请务必留意两件事。

提醒 1：请一定要选择自己喜欢的价值呈现方式。

也许对你而言，兴趣事业只是弥补自己主业之外的价值感、意义感，或者是你的阶段性计划，那么你的价值呈现就未必是收入了。就像我当初在做 LADYDONG 全球视野女性论坛和跨界品牌联合会的时候，正是我在低谷期寻找人生意义之时，当时很多人告诉我可以赚很多钱的商业模式，都被我婉言相拒了。

提醒 2：无论你选择何种价值呈现方式，摆在首位的一定是：对他人有实际价值，且实际作用要大于形式主义。

坦白说，我个人真的不爱参与某些读书打卡营。

因为，大多数打卡营，采用的是每天强制打卡、写规定字数的读后感、群内分享读书感悟的方式。对我个人而言，如果喜欢某一本书，我会在地铁中看、在等人时看、在睡前看、饭后歪在沙发上看、在厕所里看……不限时间、不限地点，喜欢的地方就贴上便笺条，触动的地方就记录下来或者发个朋友圈。我并不需要"被督促"，更不喜欢"被限制"，因此常规的读书打卡营，对我这样喜欢"读书自由"的朋友来说，不仅没有起到有价值的作用，反而变成了负担。

我曾经分享过一个主题：如何把一本书读出 5 倍价值。这个灵感来源于一位朋友发现我的学习力和转化力较强，邀请我在她的平台分享一期有关读书技巧的话题。我梳理了多年前毫无背景的我是如何通过一本书实现各种梦想（出书、和国内外作家连麦、变现等）的真实经历，以及我自己多年来一直在悄悄使用的 5 倍学习力的秘诀。现场出乎意料地热情高涨，听众大呼过瘾："原来还可以这样！""我的书看来是白读了！"

所以，从读书这件"小事情"中，也可以挖掘出"大秘密"。

扫码关注，回复"5倍"，提取完整版视频《低成本逆袭：1 本书读出 5 倍价值》。

第 5 节　思考 4：我在乎的是什么？——价值观

当找到了我们想要的、我们喜欢的方向之后，所能选择的方向依然不止一个时，怎么办？这着实是一个又美好又令人头痛的难题。你既拥有选择权，又不得不面对选择压力。

在这一节，再送给你一个决定要素：核心价值观。它能帮你做出符合内心的决定。

请你试着回答一个问题："面对事业，我最在意（在乎）的究竟是什么？"

我曾经接到过这样两个咨询。

一位来访者对我说他很苦恼，因为他在一家公司做设计工作 5 年了，每天都面对着同一帮同事，做着类似的设计，一遍遍地改稿。他觉得太无聊了，没有新鲜感、没有挑战、更没有刺激，所以一直在纠结要不要离职。

另一位来访者，她在一家公司工作了 10 年，觉得非常舒服，工作早已顺手，同事之间相处得很和谐，资历老又有威望，所以她一直不想换工作，知道传言公司要裁员时，她才慌了起来。

同样是工作了多年，工作 5 年的人已经熬不住了，而工作 10 年的人却舒服得不想走。这背后究竟藏着什么信息？

分享给你一个工具：**情绪解读法**。

第一步，识别情绪。"现在的情绪是什么？"

第二步，识别事件。"究竟是发生了什么？"

第三步，识别感受。"我感受到了什么，为什么会有这样的感觉？"

第四步，识别真相。"我在意的究竟是什么？"

按照上面的步骤来拆解这两位来访者后，我们得到了下面的信息（图 3-7）。

现在的情绪	发生了什么	感受是什么	我在意什么
苦恼 烦躁 乏味	面对同一帮人 做类似的设计 5年不变	无新意 无挑战 无刺激	追求新意 追求成就感 追求智力刺激 追求人际新鲜
舒适 自在	身边都是老同事 工作顺手 已工作10年	工作游刃有余 没有过度压力 同事关系很好 资历深有威望	追求稳定 追求熟悉 追求安逸 追求关系和谐

图 3-7　情绪解读法

你看，一个人在意的是工作是否有新意、是否有成就感、是否有智力刺激、是否有新鲜的社交关系；而另一个人在意的是工作是否安稳、人际关系是否简单舒适。

在使用情绪解读法的时候，建议搭配另一个工具一起使用，这样，你所得到的真相才会更真实。这个工具叫 SO WHAT 法，你可以称它为追问法。

很简单，当你在探索某个真相时，多追问自己几个问题。

- 然后呢？然后呢？然后呢？
- 还有呢？还有呢？还有呢？
- 所以呢？所以呢？所以呢？
- 为什么呢？为什么呢？为什么呢？

这套方法极其简单，但威力巨大，你只需要静下心来探索你的答案，保持对自己身体和内心的敏锐觉察，一定可以探索到意想不到的答案。

这套二合一的方法——情绪解读法 +SO WHAT 法，你可以用在任何你想要弄懂自己心意的时刻。

至此，我们找到了：我们想要的 + 我们喜欢的 + 我们在乎的，也就终于可以初步确定自己的方向了。

可是，新的问题来了：

(1) 我用这样的方法找到的答案，一定就是对的吗？

(2) 如果此时我依然在几个方向中犹豫徘徊，怎么办？

下一章，我们一起通过 4 种验证方式，帮你最终拿定主意。

第4章 巧验证，做最优选择：如何做出最优选择

有天夜里 11 点，我接到一个学员的电话：

"佳韵老师，我也想出本书，但不知道写什么方面好。"

"你是怎么有了写书的念头呢？"

"因为我很喜欢写作，想开写作课，可是我自己还没有自己的代表作品，所以在想要不要写一本书。"

"你的写作课主要教大家写什么？"

"现在还在开发中，我之前比较喜欢写散文，所以在想是不是教大家写散文之类的。"

"你做过市场调研吗？你身边的朋友对写散文的需求度高不高？"

"还没有问……"

"那你觉得你的写作课对大家有什么价值呢？也就是，大家花钱报课解决了自己什么问题，或者获得了什么？"

"嗯……"

当晚我们聊了一个半小时，重新规划了出书方向和课程方向。结束后她说："没想到一件事背后居然有这么多张网，我真是想得太简单了。"

是啊，随着社会经济发展不断成熟，大部分人的痛点和兴趣已经

大变，他们并不关心如何写好一篇散文，而是如果写散文，能为他们带来什么。

这位学员的误区非常常见：仅凭自己的喜好，未站在市场和用户角度思考。如果多一些"换位思考"和"用户思维"，就能够更准确地了解到对方的需求 [1]，做出当下的最优选择。

这两年，越来越多的人有很明显的两个痛点：挣钱、焦虑。

很多人丢掉了工作，关闭了公司，收入大幅下降，对消费更加谨慎。与此同时，原本的房贷、车贷、孩子的教育支出必不可少，加之整个大环境的变化、工作机会的变化、消费习惯的变化、政策的变化、利率的下调，以及随着年龄的增长自己的市场竞争力的变化、对未来的不可预知，人们产生了更多的内心焦虑，这些焦虑又衍化成对自我的批判、无助、茫然，以及对"灵丹妙药"的渴望。

因此，如果从喜欢写作出发，那么教别人写作这件事只要能够满足用户的某一点需求（例如写作变现、写作疗愈、疗愈日记、实现出书梦想，或者是拥有更多机会和资源等），解决实际困扰，就有了非凡的价值。在现在这个供大于求、人人捂紧口袋的时期，唯有拥有实际价值（超额价值）的东西才有可能变现。

简单说就是：**打痛点、给解药。**

那么，如何找到用户的痛点呢？如何知道自己当下思考的选择是否是符合市场需求的呢？前面初步选择的方向中，哪些是最优选择呢？

本章我们就重点分享在市场品牌运作中非常重要的专业方法和工具，以及背后的底层逻辑，你不仅可以用在事业方向的选择上，更可以用在

---

[1] 可参考《跨界力》一书，详细分享了用户的 12 条心理动机、10 种跨界思维，能够让你和产品更受用户欢迎。

你自己的产品开发、个人品牌打造甚至是人际关系的建立和维护中。

核心逻辑是下面这样的。

(1) 这个选择是否符合市场需求？

我会为你提供一套详细的、好理解、好上手的"市场验证"的方法，包括"你我它"模型，以及多种挖掘需求的方法。

(2) 这个选择是否符合你的"潜意识"想法？

我会为你提供一个 3 分钟就可以完成的"心理验证"方法。

(3) 对这个选择，你是否真的如你想象的那般热爱？

我会告诉你一个真实有效的"体验验证"方法。

(4) 走向新选择的时机是否是对的呢？

我会告诉你 3 个验证时机的参考问题。

这一章非常重要且非常有效，建议你拿出一个笔记本，一边看一边跟着工具来实操。当这一章读完的时候，你的答案就出现了。

第 1 节　验证 1（市场验证）：看似你已经找到了答案，但这个答案是对的吗

为了方便好记，我把这个验证方法称为"你我它"模型，其中，

- 你：指的是你的服务对象，包括你的用户、客户、学员、粉丝等。
- 我：指的是你自己、你的公司、你的团队等。

- 它：指的是行业、市场、项目、环境、政策等。

要对你的初步想法或选择做验证，就需要了解与"你我它"相对应的下面 3 件事。

- 你：你的用户在想什么？他们最需要的是什么？他们渴望什么？
- 我：我有哪些能力、价值、资源、人脉、经验、技术和背景等？
- 它：市场大环境如何？项目的前景和趋势如何？是否有长期价值？

分析完后，你心中会对你曾经的想法和备选答案，有一个初步的"我值""你值""它值"，三者叠加后的综合结论，就是你心中的答案。

我

当然，这三者没有顺序和优先级之分，你先为自己分析哪一个都可以。

通常我听到最多的就是："我怕我做不好。"那我们就先来分析"我值"。

你可以试着问自己一个问题："我有什么呢？"

事实上，这部分答案你已经在 2.1 节所讲的"个人商业画布"中的"核心资源"板块思考过。这个答案包括知识、经验、人际关系，以及其他有形和无形的资源或资产。你可以再次看下此图（图 4-1），看看在每个板块中，你都拥有什么，尤其是核心资源、重要合作伙伴、渠道通路、客户群体几个部分。

重要合作伙伴	关键业务	★ 价值服务	客户关系	客户群体
谁可以帮我	我要做什么	我怎样帮助他人	怎样和对方打交道	我能帮助谁
	核心资源		渠道通路	
	★ 我是谁 我有什么		怎样宣传自己 交付服务	

成本结构	收入来源
我要付出什么	我能得到什么

图 4-1　个人商业画布

这 4 个部分可以简化为下面的图 4-2。这是我们在判断自己的方向是否最佳选择时必须要考虑的 4 个部分。再告诉你一个秘密：这个图也可以用于帮你筛选合适的副业。

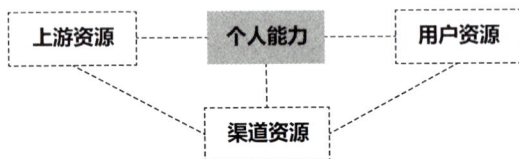

图 4-2　做判断时要考虑的 4 个要素

如果你尚无答案，可以顺着我下面的提问来思考，这一次，请务必花点时间，写下你的答案。

- 你有什么知识？这些知识到了何种专业程度？是否已有自己的知识体系或观点？
- 你有什么技能？包括你的天赋、你拥有的具体技能。

- 你有什么证书、作品、奖项？
- 你有什么经验？
- 你有什么优势？别人时常是如何夸赞你的？
- 你的个人特质是什么，别人是如何评价你的？
- 你有什么人脉资源？有哪些愿意用心支持你的真正的朋友？
- 你有什么物质资源？包括你的资金、场地、交通工具、设备等。
- 你是否有新媒体方面的积累？有多少粉丝？
- 你是否有可以合作的渠道资源？

你

　　上一步我们验证了自己的实力是否与所选方向匹配，但这还不够。若实力不够，我们尚且可以努力想方法补足，但是别人需要什么，我们却无法强求，只能去捕捉和激发，然后满足。

　　这恰恰是容易出现认知偏差之处，如果像本章开篇那位想教写作的朋友一样，不了解学员真实的需求，就很容易打造一些"只有自己认为非常有用"的产品。

　　接下来，我会介绍几个非常核心的工具，帮助你尽可能省时省力地了解"他人真正的需求"，避免"孤芳自赏"。

工具一：捕捉需求的方法

　　这是非常简单的一种去思考用户需求的方法：从当下刚需、潜在需求和未来需求出发（图 4-3）。

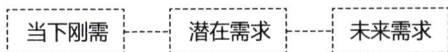

当下刚需 ---- 潜在需求 ---- 未来需求

图 4-3　用户的 3 种需求

(1) 当下刚需

何为刚需？

用户想要且有购买力叫作需求，若需求非常强烈、非要不可，就称之为刚需。

我们可能经常听到另一个词：痛点。

何为痛点？

若我们在满足自己的需求时，遇见了阻碍（比如在时间、金钱或难易程度上的阻碍），这个阻碍就是痛点。解决问题的阻碍越大，痛点就越强烈。

举个例子，有些上班族养了狗但没时间遛狗，他们有一个痛点：没有时间遛狗。

再举几个例子。穿西装是刚需吗？不一定。看是谁穿，什么场合穿。心理咨询师是刚需吗？不一定。从整个社会的角度来看，它是有存在的必要的，但是对个体来讲，就不一定。只有你痛的时候，你才会需要。

例如买菜，是生活中的刚需，但不一定是痛点。那些身体健康、时间自由的人，完全可以自己买菜。但对于腿脚不灵活的独居老人，或者工作繁忙的上班族，再或者距离菜市场和超市比较远的人来说，就会觉得买菜是一个痛点。

这两年，多数人的痛点又是什么呢？是如何经营好事业，如何赚钱，如何转型，如何让自己在新的市场环境下生存下来。还有很多妈妈，一边要辅导孩子作业，一边要照顾老人，一边还要考虑事业的发展，忙得像"八爪鱼"一样，每次听到这样的诉说，我都无比心疼。

快检验看看，你之前所选好的方向，是否是某类人群的刚需呢？

(2) 潜在需求

什么是潜在需求？

就是用户内心是有需要的，但由于种种原因还没有明确显示出来的需求。换句话说，是在意识层面还没意识到，或者尚未重视起来的需求。

举个例子，在打车软件出现之前，我们外出打车的习惯是站在路边等待亮灯的空出租车。那个时候，如果你问路边打车的人有什么需求，他们大概率会说"希望能快点打到车""希望车多点儿"，而极少可能会对你说"我希望有一个软件，让我在家里就叫好车，然后出门的时候，车就在等我了"。

打车软件公司就是发现了这个潜在需求，因此大受欢迎，更新了人们的出行方式。

如果你能发现用户的潜在需求，就能想到用户前面，当你在用户面前"亮剑"的时候，用户心里就会响起一个声音："对对对，这个就是我需要的。"

前两天我在网上为小侄子搜寻隔尿垫的时候，发现了一个特别有意思的产品：尿垫裙裤。以前，我们都是给他买很大一张隔尿垫，但每次尿湿，就得连被子、垫子全部清洗、晾晒一遍。这个尿垫裙裤，就是一条小裙子，底边的中间有一个暗扣，如果扣住，就相当于一条短裤。

看到这个产品的时候，我和母亲都惊呆了，这太方便了，小男孩的生理特征导致他尿床的时候，被子总是被尿湿。穿上这个，被子就可以"免遭劫难"了。

更有意思的是，我还发现了一个有趣的东西：商家还做了成人版的隔尿垫，甚至还有专门改良后的女士隔尿垫，在生理期使用。

商家真是太聪明了，他们捕捉到了小孩子、生理期女性的潜在需求。我看到商品评论区一片叫好，不少人说太方便了。

快检验看看，你之前所选好的方向，是否符合某类人群的潜在需求呢？

(3) 未来需求

除了前两类之外，还有一类需求是很容易被忽视的机会点，就是人们的下一步需求，或者叫下一阶段需求。

如果你能提前发现人们在满足自己的某个需求之后，下一步会需要什么，那么你也就抓住了另一个机会。

举个例子，这几天发展个人品牌的呼声很高，当大部分人在学习个人品牌打造方法的时候，有的人却"错峰出行"了。打造个人品牌除了基础的一些动作外，如果想要做好，还有许多的升级版的动作。于是有的人就专注于个人品牌故事的挖掘和撰写，有的人专注于个人宣传短片的制作，有的人专注于为打造个人品牌的人完成出书梦想，有的人专注于为这些导师操盘直播发售、社群运营等。

你看，这些都是起步做个人品牌之后的下一步动作，如果你可以发现这个未来需求，就不需要和那么多人挤同一条赛道了。

可是，如果凭你的核心能力，只能和大多数人挤同一条赛道，怎么办呢？

例如，你就是喜欢且擅长帮别人打造个人品牌，那么同样是个人品牌导师（或顾问），你的差异化特征是什么呢？

这个时候，你也可以运用好"下一步需求"。

打造个人品牌的人，有很大一部分是轻创业者。在这些人中，有一部分人是一人团队，有一部分是从线下迫不得已转型而来，有一部分人是遇到了事业的瓶颈，重新为自己开辟一条路。无论是哪种情况，他们在刚起步的时候都需要有人帮助他们找到合适的方向。然后在实操的过程中，他们需要有人能详细地对他们的行动清单、操作方法进行指点。在这个过程中，他们可能需要快速升级某方面的知识和能力，最好是低成本、快速有效的那种。他们不可避免地会遇到一些困难和阻碍，导致失望、不自信、焦虑和迷茫。此时，他们又需要有人能帮助他们解决心灵上的困扰，最好是能发现这些困扰的根源（例如"金钱"卡点、"关系"卡点、原生家庭的问题等）。而最终，他们希望能有人带着他们走向最终的胜利，实现心愿。

你发现了吗？如果你把方向定位、实战指导、知识顾问、心理指导这 4 个方面融合进你的指导中，真正帮助他们拿到结果，你的私教咨询服务就会与众不同。悄悄告诉你，这就是我从咨询实践中研发的4 合 1 式私教咨询。

当然，除此以外，他们还需要很多资源的支持、机会的支持、个人闪光点的发掘、心力的赋能、金钱规划等。这些都是我的服务，我会为我的私教学员对接出版社，帮他们实现出书梦想；帮他们对接500 强品牌，让他们成为分享嘉宾；帮他们对接与国内外大咖作家连麦和合作的机会等。

我知道，这些都是他们在打造个人品牌的路上，会想要得到的支持，这里面不仅有潜在需求，也有未来需求。

因此，找到需求，在你所能提供的价值服务中，去满足他们，你就会变得与众不同。

快检验看看，你之前所选好的方向，是否符合某类人群的未来需求呢？

工具二：潜在需求的 4 种类型

刚需比较好找，就找用户离不开的、必须满足的需求就好了；至于未来需求，提前推演一下用户的下一步动作就可以找到了；潜在需求最喜欢玩捉迷藏，它藏得比较深，该怎么捕捉呢？

来，送你一个工具（图 4-4），试着对照着来找，潜在需求就会浮出水面。

图 4-4　潜在需求的类型

如图 4-4 所示，潜在需求有 4 种类型。

(1) 购买力不足型：想要但购买力不够

这是指市场上已存在某种商品，消费者有购买欲望但因购买力不足导致愿望无法实现，从而致使购买行为处于潜在状态。

该如何满足他们的需求呢？

- 尝试设计出一款符合用户购买力的产品，优先满足最重要和最基本的需求，去掉非必要的功能，降低成本。
- 为用户提供可以缓解购买力困难的方案。
  - ◆ 有的老师在招募学员的时候，会为学员提供推广金，让学员快速赚回学费。
  - ◆ 有的则允许学员先选择符合当下购买力的服务，后续再补差价升级。
  - ◆ 也有支持资源或者服务置换的，比如学员为课程提供运营服务等，置换部分学费。

♦ 有时候，用户是"心理购买力"不足，而非"资金购买力"不足，因此，可以像超市的试吃一样，给用户一个"体验品"。例如在年度服务的基础上，增加月度服务、季度服务，缩短服务周期，从心理上降低消费者享受服务的"门槛"。如果你发现你的用户属于此类型，那么在定价和成本方面一定要重点考虑他们的心理消费能力、实际消费能力以及消费习惯。

(2) 商品短缺型：想要但没产品

这是指市场上的现有商品并不符合消费者的需求，所以消费者才处于待购状态。而一旦有了适销商品，购买行为就会随之发生。换句话说，是想买的东西买不到。

这个时候，我们要做的就是尽快开发适合的产品。

就像前面提到的，在打车软件诞生之前，高峰期打车困难、偏远地区等不到车、日常打车全靠运气，所以用户想要的是一种出门就能打到车的方便体验。

再说一个做自由职业的朋友，她是一个宝妈，在低谷期，为了疗愈自己，她每天给自己做漂亮美味的早餐，然后发朋友圈。慢慢地，越来越多的人想要跟她学习做早餐。她一开始建立了一个免费的社群，作为兴趣为大家分享食谱和方法，但后来大家远远不满足于此，纷纷要求她开课。后来，她研发了一套"800 份不重样的早餐"的系统课程，每次开班学员都爆满。

难道说，市面上没有教美食的培训机构吗？肯定是有的，但是专门教早餐、和大家的相处又这么亲近的，在她的粉丝眼中，是没有的。

所以，只要你发现了用户的需求，不怕没有产品，立刻研发即可。

(3) 认知不足型：想买但不会买

这是指由于消费者对某一商品不了解，或者根本不知道有这样的商品存在，致使消费需求处于潜在状态。

前阵子我想为自己增加一些保险产品，我曾经购买过的 A 品牌的保险顾问来为我做了一套方案，但保险里面的细则过多，且一旦购买，就要缴费 20 年，这绝对是一件需要谨慎重视的事情。当时，我隐约觉得，这套方案太贵了，且由于这位保险顾问推荐的只能是自家的产品，这就导致可选项并不多，那么"最优方案"的可能性就大大降低。

有趣的是，身为咨询师，我的嗅觉告诉我，她讲的虽然都是真话，却并不完整，也就是说，一定还有对我而言更优的选择，但在她这里我得不到。保险起见，我在朋友圈发布了我的感受。

一位独立保险经纪人联系到了我，她耐心地听了我的特别需求后，根据我对重疾险、意外险、人寿险、财产险、医疗险等每个险种的需求，把每个险种都找来了 3 到 5 种不同的产品，陪我一起做了详细对比。

作为一位很确定想要购买保险产品的客户，我心里的声音就是：

- "谁能陪我弄明白这些产品啊？"
- "谁能帮我找到最适合我个人情况的产品组合啊？"
- "谁能真心为我着想啊？"

你听见了吗？这就是我的潜在需求。

那段时间，我们经常是半夜通话 100 分钟以上。我很感激她听到了我的心声，捕捉到了我的潜在需求。最终我实现了预算内的最优组合。

如果你的客户是这种类型，那么你要能透过他们的表象现实，通过他们的行为、语言洞悉到他们心里真正的困扰，排除他们对未知的恐惧、增加对产品信息的了解、和他们建立信任。

(4) 迷茫观望型：想买但不知道选谁家

这是指面对较多的同类商品，消费者不知如何选择，在未做决定之前，购买需求处于潜在状态。换句话说，产品太多了，消费者不知道该选谁家了。

就像我们现在面对 100 多种事业选择，不知道该选择哪个方向一样。我们在本书的前 3 章用了许多时间弄明白自己，其实也是在弄明白我们的潜在需求。

现在反过来了，我们要去弄明白客户的内心需求。

有一天，我在菜场买菜，平常都是在菜场入口的几家门店买，这一次跑到最里面的几家店铺逛了逛。我问：

"茼蒿多少钱一斤？"

"6 块！"

"6 块？能少点吗？"

"有便宜的，不好的便宜，买菜能光图便宜吗？"

我转身走了。一是因为，前一日在另一家买的才 4 块，比她店里的还要新鲜；二是因为，她的最后一句话，表明她不是一个能懂别人的人。

菜场上的门店那么多，到底买谁家？

我母亲对我说，她常去的有两家，因为他们家的菜好，人好。我对比过，母亲常去的那两家，菜价适中，虽不算是市场上最便宜的，但每次都令人很舒服，很踏实。

例如，他们会对我说：

"妞，今儿的杏鲍菇不新鲜，就不卖给你了。"

"妞，一共十三块五，给十三就行了。"

"来，给你拿个大袋子，把你买的这些菜（在别家买的）都装进去就不勒手了。"

你发现了吗？这份善良，正好符合大家的潜在需求：买菜图的就是放心、舒心。我猜想这就是他们家的生意一直很好的原因之一。

如果你的服务也有很多同类竞争者，那么你一定要找到你的差异化特色，做出你的口碑和品牌。而实现这些的关键一步就是，弄清楚大家在面对这些同类竞争者时，最在意的究竟是什么，他们脑袋里在比较什么。

工具三：KANO 模型

"是不是你满足了用户的需求，用户就一定会很满意呢？"

"如果你徘徊的几个事业选择，分别满足了不同人群的不同需求，你该如何选择呢？"

"如果你的客户需求特别多，属于'既要……又要……还要……'的类型，你要全部都满足吗？"

这里，给你分享另一个好用的工具：KANO 模型[①]（图 4-5）。

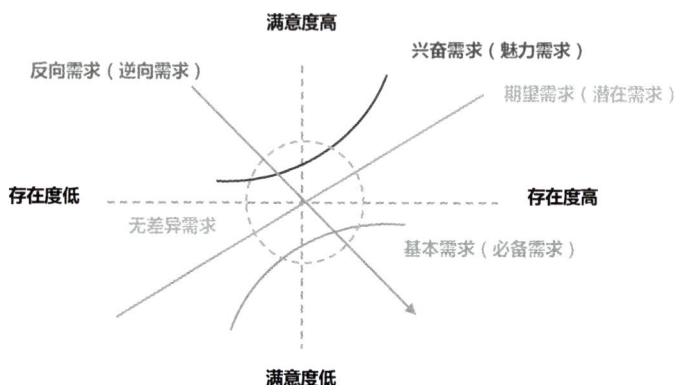

图 4-5　KANO 模型

[①] KANO 模型是由东京理科大学教授狩野纪昭在 20 世纪 80 年代发明的用于对用户需求分类和优先排序的工具，以分析用户需求对用户满意的影响为基础，体现了用户需求满足程度和用户满意之间的非线性关系。

这个模型主要是用于对用户的需求进行分类和排序，从原则上来讲，我们要尽可能去满足能够带来更多用户满意度的需求。

我们来看图 4-5。

横轴代表用户需求存在度的高和低，也就是用户的需求程度有多强烈，越往右边表示越需要，越往左边表示越不需要。

纵轴代表我们满足这个需求后，所带来的满意度的高和低，越向上表示越满意，越向下表示越不满意。

根据不同需求与用户满意度之间的关系，图 4-5 中将用户的需求分为五类，如下所述。

(1) 基本型需求（必备需求）

这是产品功能必须满足的用户需求。

当该需求得不到充分满足时，用户会很不满意；当该需求得到了充分满足时，用户满意度并未受到多少影响，用户充其量是满意。也就是说，用户会觉得这是你应该做的。

例如社交产品的加好友功能、音乐产品的听歌功能。

(2) 期望型需求（潜在需求）

用户满意度会随着期望型需求的满足程度的高低而线性提升或下降。

此类型的需求满足得越充分，用户满意度越高，反之则用户满意度越低。

例如，我曾经参加了某个线上 APP 的心理学课程，很多学员留言说，希望能有班级社群，可是主办方就是不建，学员只能独自在 APP 上听课，日常有疑问也无法及时和老师同学交流。你看，这样就导致满意度大幅下降。

假设，你不仅学了课程，还能连接到老师和同学，有问题大家之间互相帮扶，还能得到很多实习咨询的机会、获得督导的机会、赚回学费的机会等，你的满意度是不是就大大提高了？

(3) 兴奋型需求（魅力需求）

这是一种完全出乎意料的属性或功能，有了这个功能，用户的好感度会明显增加。

在这个时代，很多行业不管是不是服务行业，其实都带有服务的性质。如果能够提供出乎意料的服务，往往就能够收获超高的满意度。

例如，有一家人去酒店住宿，孩子杰西的长颈鹿玩偶落在酒店了。在正常情况下，酒店可能会直接给顾客邮寄回家。这家酒店是怎么做的呢？这家酒店不仅寄回了长颈鹿玩偶，还寄回了很多长颈鹿在酒店各个角落敷着黄瓜片、在沙滩上晒太阳等的照片。

他们为什么会这么做呢？

就是因为，杰西的妈妈在和酒店通电话的时候无意间说了一句："谢天谢地，还好没有丢，我们刚才还骗孩子说长颈鹿去旅游了呢。"

就这么一句话，酒店人员就记住了。于是精心地安排了小长颈鹿的一日游。

收到照片后，小朋友特别开心，觉得妈妈没有骗他。

而妈妈也特别感动，把这件事发布在了网络上，为这家酒店赢得了更多的好评。

酒店满足的这个需求，就叫作兴奋型需求，或者叫魅力需求。

简单来说，即使不提供此需求，用户满意度也不会降低。但是，一旦提供了相关服务，用户就会感受到惊喜，自然而言满意度也会得到大幅提升。

(4) 无差异型需求

一个产品中可有可无的需求就是无差异型需求，对于这种需求，可能用户并不会过于关注，它也并不会为公司带来收益。但是从公司的角度来讲，这种需求的研发或探讨会产生一定的成本，而且投入市场后一般也没有什么作用，会白白花费人力与财力。

例如，在参加大会时，伴手礼的袋子中一般会放公司宣传页，传统的宣传页大家几乎不太会去看，对公司而言却是成本。

(5) 反向型需求（逆向需求）

反向型需求的功能是指没有这个功能，用户不会不满意，而一旦有了，用户满意度反而会直线下降的功能。例如买一件衣服，有时候你觉得某个地方要是没有花边、没有印花就好了。服装厂增加了工序和材料，用户反而不满意。

答案已经出来了，当你的用户需求较多时，要优先满足前三类需求：基本型需求必须满足；期望型需求尽可能满足，能让顾客很满意；兴奋型需求，能让顾客喜出望外。从用户主动推荐你的意愿度的角度来说，满足兴奋型需求的效果则远远高于满足期望型需求。

在验证你的选择是否是最优选择时，你也可以从这个角度考虑一下你的发挥空间：是只满足用户最基本的需求呢，还是尝试做出一些创新，让他们小鹿乱撞、爆发出"天啊"的惊叹？

试试看，和你的顾客"谈场恋爱"，你一定能洞悉到她的各种需求，说出来的、没有说出来的、强烈想要的、偷偷想要的、不敢要的、不懂怎么要的，等等。

希望以上 3 种工具，能够帮你验证你所选择的方向是否符合市场的需求，是否符合用户的期待。接下来，关于是否能够做得长久，是否能够为你赢得差异化，是否能够为你赋能，我们来进行最后一步验证。

它

现在的市场环境有下面 3 个特点。

(1) 产品过剩。所以，你不得不打造出你的差异化、你的个人品牌。

(2) 用户连接加强。很多传统行业开始了圈层化、社群化。出版社开始建立书友会，餐饮店开始建立顾客群，每天抽奖送券。

(3) 渠道变化。渠道由线下转线上，或者两者结合，更加情感化、场景化、细分化。

现在，请你考虑一件事：你所选的这些方向的市场环境如何？

请你问问自己下面的问题。

- 现在有多少人在做这件事？他们做得如何？
- 市场中较为优秀的同行在用什么方式做这件事？他们为什么这么做？
- 市场中较为落后的同行在用什么方式做这件事？你和他们有共同点吗？
- 现在的市场政策有什么变化？
- 和用户连接的方式是否有变化？
- 你的交付方式是否符合用户的新需求？
- 你和同行相比有差异化吗？这个差异化真的有用吗？
- 这件事能够做多久？
- 这件事值得做很久吗？

- 客户的终生价值和客户数量有多少？

……

客户的终生价值就是在一个客户身上，一辈子能赚到的利润。客户数量越多，终生价值越高，你的利润就越高，长期价值就越大（图 4-6）。

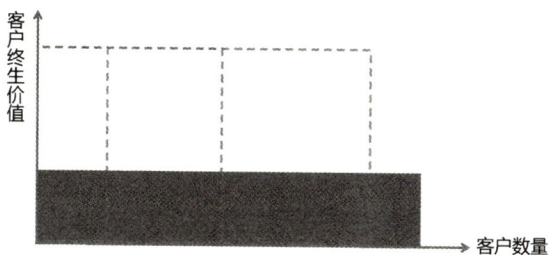

图 4-6　客户带来的利润总和

所以，你要问问自己下面这些问题。

- 客户的数量是否有天花板？
- 我的交付能力是否有天花板？（例如，心理咨询师的时间就是天花板。）
- 客户的终生价值究竟有多大？
- 我获得收入的可能性有多大？
- 我要投入什么、投入多少，才能换取怎样的结果？是否与我的初衷背道而驰？
- 我有什么办法可以尽可能增加客户数量呢？
- 我有什么方法可以提高客户终生价值呢？

举个例子。出国留学、考研，基本上一个人一生只会经历一次。即便单价再高，客户终生价值都未必有你家旁边的烧烤店的客户终生价值大。

第 2 节　验证 2（心理验证）：一则目标声明，反映着你的潜意识

前面的验证，我们大多是通过意识层面的理性思考进行的。可要知道，我们是在为自己的人生做选择，因此，仅仅依靠意识层面的理性思考是完全不够的。即便看似再正确的一个选择，都有可能令你痛苦万分。

现在，我们来做一个"心理验证"——来验证你的内心是否真的想要做这件事，是否真的可以做好这件事，是否做好了准备。

方法就是：发布一条目标声明。

格式为：我希望通过 ×× (什么行动) 来 ×× (怎样帮助) 谁 (怎样的客户)（图 4-7）。

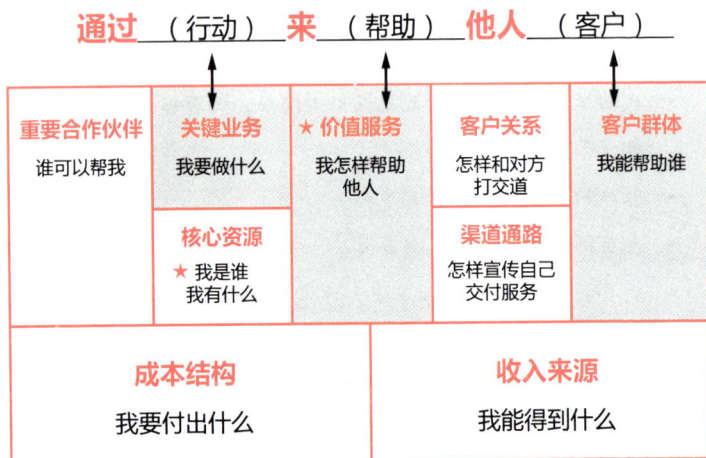

图 4-7　目标声明的格式

也就是说，基于我们的关键业务，为客户群体提供怎样的价值服务——你看，这用到的还是我们的个人商业画布中的 3 个重要板块。

发布在哪里呢？

可以是你的朋友圈、微博、小红书、朋友聚会、沙龙等各种渠道和场景。选择一个你喜欢的方式，对外发布你的新选择吧。

在发布声明的时候，你可以在这句话的前面和后面加上任意你想说的话，使这段话更为完整、用心。其核心目的，是让大家明白，你如今希望做的事情是什么，你能帮他人实现的价值是什么。这就像产品上市前的发布会一样，你要把一个全新的你自己发布出去。

举个例子，你可以在朋友圈像下面这样写。

> 朋友们，我知道在你的心里一直藏着一个想成为的自己，我也一样。
>
> 35 岁生日时，我曾许愿说：我的心愿就是帮助更多人实现心愿，从此后半生，做一名心愿摆渡人。此刻，是时候启动"发光计划"了，我愿用 1 对 1 专业咨询和深度陪伴成长的方式，帮助暂处迷茫、发展受阻的人摆脱迷茫、突破卡点、量身定制个人品牌发展方案，让大家实现心愿，成为发光的自己。未来，我们再像点蜡烛一样，一起成就更多有光的身边人。
>
> 你愿意靠近我，一起发光吗？

同时，你可以附上你的照片、带有具体信息的图片等。我相信你会得到很多人的支持，会听到许多的声音。

但是——

倘若，你不愿意发布你的目标声明，或者你不知道你的目标声明该如何写，这就有意思了。

为什么不愿意发布目标声明呢？

在我接触过的咨询中，最多的原因有如下几种。

- **不好意思。** 因为从来都是低调行事，不好意思发朋友圈，习惯性地隐藏自己的好。这就需要深度探索内心的卡点了。

- **不敢。** 因为朋友圈有不方便让其看到自己信息的人，例如前同事。其实，你没有必要避开他们的，你完全可以亮出自己，说不定他们羡慕你勇敢做自己呢。实在过不去这道坎，可以屏蔽嘛。别让极个别的少数人影响你的未来发展。

- **不自信。** 有些人怕自己做不好反而丢人。没有人一开始就是专家，放下你的顾虑，大胆地向前走吧。重要的是，你越坚定地向前走，路上的惊喜越多，你的成长越飞速。

- **不会写。** 有些人不知道该怎么写。我的答案是：你怎么想就怎么写。当然，很多人并不是因为文笔不好，而是因为没想清楚个人商业模式，没想明白这件事的初心和意义，没想明白希望在这件事中获得什么，希望如何通过这件事帮助他人。那么，我建议你按照本书的方法一步步重新梳理一下。如果实在想破脑袋也想不清楚，你可以来找我①。

---

① 在视频号搜索"作家董佳韵"；在公众号搜索"跨界力"。

（扫码关注视频号）

（扫码联系作者）

你说，那些令人羡慕的资源和机会是从哪里来的？

它们就在你身边，但你首先要让自己"被看见"。

想想看，你都不告诉别人你在做什么，需要什么帮助，就算路过的人就是你的救命恩人，他也不知道你需要他啊。

在做跨界资源整合的这么多年间，我牵线无数，朋友们时常戏称我为"跨界红娘"。我太明白，大声告诉别人你的需求、你的心愿有多么重要了。时常是有人说了需求，不出 1 分钟，就有人主动联系他了。就这样，问题解决了。你说，这是不是比自己纠结半天要痛快得多？别让你的面子和固执成为你得到好运气的枷锁。

第 3 节　验证 3（体验验证）：你的身体不会说谎

你想拥有一家花店吗？你想拥有一家茶舍吗？你想拥有一家幼儿教育机构吗？

我知道很多人的答案都是"想"。假如，经过前面那么多的分析、验证，你的选择真的可行，你是不是就要去做呢？

千万别忽视另一个关键问题！

前面的答案，大多来自我们的思考，即使我们用到了调研，但答案依然来自我们的脑袋，仅此而已。

也就是说，我们所想象的，未必就是事实，甚至事实有时候与我们想象的大相径庭。

开家花店，你以为非常美好，可我却目睹了店主搬运花草、打包发货时的辛苦和狼狈；开家茶舍，你以为一片静好，可我却目睹了老板对入不敷出的焦虑；开家幼教机构，你以为抓住了妈妈们的痛点，前景灿烂，可我却目睹了创始人面对员工培训和高流失率时的苦恼。

你需要看到隐藏在这些美好背后的梦想最真实的样子，因此，请你为自己预留 1 个月的躬身入局的体验期。

第 3 章开篇提到的那位学员，在寻找新方向时，短时间内经历了 3 次从头再来。每一次，她都在真正去执行她以为自己很坚定的方向时，莫名其妙地被卡住，做不下去。

我还有一个来访者，因为频繁跳槽找到我咨询，她的每份工作干的时间都不超过半年，自己痛苦万分。咨询完，我们一起找到了她真正想做的事情：心理咨询。可那个时候，心理咨询对她而言仅仅只是一个爱好，她并没有专业学习过，也没有任何经验。

1 个月后，我们在一次心理咨询的论坛上偶遇，她对我说："我现在在一家心理咨询机构做老师的助理，老师说，我可以跟着她学习，同时辅助她做一些管理工作。"她的声音透着兴奋，眼神里像是住着一片星河，闪闪发光。

"听起来你现在很满意现在的状态啊。"

"是的啊，佳韵老师，虽然每天的琐事特别多，可是我就是好像浑身有使不完的劲儿一样，哎呀，我都不知道该怎么形容了。太谢谢你了。"

看到她终于找到自己生命的火花，和声音灰暗、软弱无力的曾经的她相比，简直判若两人，真的为她高兴。

分享这两个例子是想告诉你，真正体验过，你才会真正知道，对这件事，你是不是"如你想象的那般热爱"。我曾经也想开画室、开咖啡馆，但去朋友的画室、咖啡馆细细观察一段时间后，我立刻打消了这些念头。

而当我发现，无论多晚，无论我自己状态多么不好，只要进入咨询时间，我都能立刻精神起来，进入心流状态时，我就知道，我的生命火花在哪里了。

赶紧去真实地体验一下吧。

- 计划做咨询的朋友，你可以先开放一些公益咨询名额。
- 计划讲课的朋友，可以先尝试组织一场公益分享。
- 计划做整理行业的朋友，可以先到自己闺蜜家做一次上门整理或者线上分享。
- 想做直播带货的朋友，可以先开播一段时间，体验一下，或者找一份主播的工作去试播几天。

总之，现在就开始体验你所计划的事情，不要让你的计划永远只停留在计划中。

第4节　验证4（时机验证）：何时开始转型

"现在必须要转型吗？"

"这样转型可行吗？"

"转型计划会成功吗？"

如果你对自己的选择尚有一丝疑虑，可以试着借助"转型评估三问"来确定自己的答案（图4-8）。

图 4-8　转型的必要性和可行性

评估 1：现在必须要转型吗

在回答这个问题的时候，建议你从下面两个角度来考虑。

(1) 情绪

我过去的一位市场部同事，在怀孕 6 个月时，恰好部门里换了一个领导，这位领导是从销售慢慢做起来的，管理风格特别地简单粗暴。这位同事说，每次领导从她身边一过，她的肚子就动。有一次开会，她由于站立时间过长而出血。领导却不屑地说："身体这么娇弱。"

还有一位女同事，经常熬夜加班，再加上总是由于开会错过饭点，得了肠易激综合征，一周时间瘦了 10 多斤。病假结束回公司的第一天正午，领导要求她出门检查市场工作。当时室外正是一天中温度最高的时刻。因为身体仍旧虚弱，尚未恢复，这位女同事向领导申请在公司用过午饭后，室外温度稍低一些再去。领导对她说："所以才要去磨炼磨炼。"

部门里另一个女生见状，执意申请要调到 B 部门。这位领导说："B 部门早晚要被收编到咱们这个部门。"那个女生依然坚持选择了调岗。

如果你现在的事业为你带来的压力很大，导致身体出了问题，或者持续被打击、陷入焦虑、苦恼、自我否定，不如像上面第三位女生一样，立刻选择离开。

每个人的身上都有自己的闪光点，虽然也会有不足，但如果一个环境总是持续放大你的不足，忽视你的优秀，打击你的信心，那这种 PUA①式的环境还是远离吧。因为你坚持下去所获得的成长、工资收入，远远弥补不了你的心灵遭受到的伤害。

请你观察自己的内在感受，远离让你持续痛苦的工作环境。这个世界那么大，总归有让你这块金子发光的地方。

(2) 处境

这里所说的处境，指的是你所面临的外部的变化。例如公司内部有变动或有裁员的打算，你的家庭需要你立刻回归，有更好的工作机会在向你招手，你在职场遇到了无法突破的瓶颈，市场大环境或者政策发生变化等。

---

① PUA 的全称是 Pick-Up Artist（搭讪艺术家），原本指很会吸引异性、让异性着迷的人及其相关行为，现泛指扭曲的精神控制。

你要考虑一下你现在的处境是否已经到了让你不得不寻求另一条路的时刻了。

特别要提醒的是，我曾听一位姐姐提起她的一位故友，每隔一段时间相聚时，她就会发现这位故友换了一个项目做。这位姐姐说，她一开始还时常给这位故友介绍客户，毕竟创业不易，可是故友换了几次项目之后，她再也不介绍了。

因此，现在是否必须要转型，要结合现在的处境来综合判断，且当你确定转型时，切忌盲目跟风，要有长期打算。

评估 2：现在转型可行吗

可以从下面两个方面评估。

(1) 金钱
"你现在的存款够花多久？"

如果你的存款够花 1 到 3 年，甚至更久，你当然可以自由选择是立刻投身喜欢的下一个事业，还是再等等。

但如果你要依赖每个月的工资收入来支付高额的房贷、车贷、养孩子的费用，那么你就必须慎重考虑你的下一份事业开花结果的周期。

我有一个特别潮的、擅长做策划和设计的朋友。有一段时间，他让我帮他介绍新工作，因为他实在受不了现在工作中的束缚了。他天马行空，且非常有个性，非常在乎创意能否实现，当地适合他的企业并不容易找到。可是，他不仅要养他的改装车、交房租，还养了两条每个月要花费 6000 元的"拆家"犬，买衣服也从不看价格。这导致他几乎没有什么存款。

你说，在这种情况下，他应该裸辞吗？

通常来说，转型的初期，收入会受到一定程度的影响。除非你被猎头挖走，一入职即可拥有更高的薪资和职位。如果是创业的转型，又没有投资人的资金支持，那么你就一定要考虑一个问题：如果收入降低，你的存款是否足够你支撑一段时间？

我每次换工作，几乎都是裸辞，因为我要花 2 到 3 个月的时间来调整自己，并想清楚下一步该怎么走。但我清楚地知道，我的积蓄足够家里花上几年。所以，即便是裸辞，我也不会有太严重的经济焦虑。

在此，我想特别提醒你一件事：一定要理财，越早越好。这件事我直到 30 多岁才真真正正地领悟到。尤其是，要定期关注你的账户资产，做好资产配置，切忌把钱都放在活期账户里。

我曾经对钱比较佛系，虽然偶尔做理财，但都是一时兴起就做做，想不起来就不做，没有做系统的资产管理。待我多年后回顾账户资产的时候，竟然有 10 万元一直躺在活期账户里，即便按照现在多数理财产品 3.5% 的年化收益率来计算，每年也损失了 3500 元的利息。要知道，早几年的理财产品年化收益率可是高达 6% 的，5 年下来可是几万元的损失，每次想起来我就肉疼。因此，如果你很幸运地看到了这里，请你现在就放下这本书，去看看你账户的存款，看看你是否做了资产管理。我会在第 6 章第 2 节详细分享一个让你轻松享受"钱生钱"的方法。

(2) 时间精力

"你给自己多少时间来做过渡？"

"你未来有多少精力投入到新的领域中？"

我接触过一些想要重回职场或者创业的妈妈，有的孩子太小，有的还要照顾老人和孩子，留给自己的时间非常少。所以她们在选择事业的时候，首先考虑的因素变成了事业所占用的时间，以及事业的灵活性。

除此以外，还有一个隐藏因素，就是你"愿意"投入多少时间和精力。

今晚，我和一个家庭教育领域的作家聊天，他出版过二十几本书，线下课十分受欢迎，听过他讲课的家长几乎都成了他的粉丝。

可你知道，如今他在做什么吗？

他在做抖音，死磕直播，从 0 粉丝起号，0 粉丝开播，每天直播4 场。一开始只有 2 个人在线观看，场观（单场观看量）十几人，几天时间，已经有上百人同时在线，场观几千人。没有投放流量，没有任何私域导流，关闭了同城推荐、朋友推荐，完全死磕自然流量。

我和他的签约机构都一致相信，他一定能做好。为什么呢？

因为，他能放下自己过往的成绩和身段，完全从零开始，苦练直播的表情、手势、自然的状态，每天做数据复盘，每天调整和更新话术，无论在线观看的有多少人，都会坚持播完。要知道，让一个习惯了线下讲课的老师，一下子去适应直播的节奏和状态，无异于让一个跳街舞的人去学习芭蕾舞。

他对我说："我不希望自己还没开始就放弃，即便有一天我放弃了，不做直播了，我也希望是我做起来之后因为某种原因才选择不做。"

你看，这就是他的意愿，他为了死磕直播，甚至把线下的课程全部暂停。

你呢？你有多少时间，你又愿意投入多少时间呢？

评估 3：转型计划会成功吗

是否会成功，取决于一件事：此时的你，已经具备了哪些条件？
这个问题的答案就在你的个人商业画布中（图 4-9）。

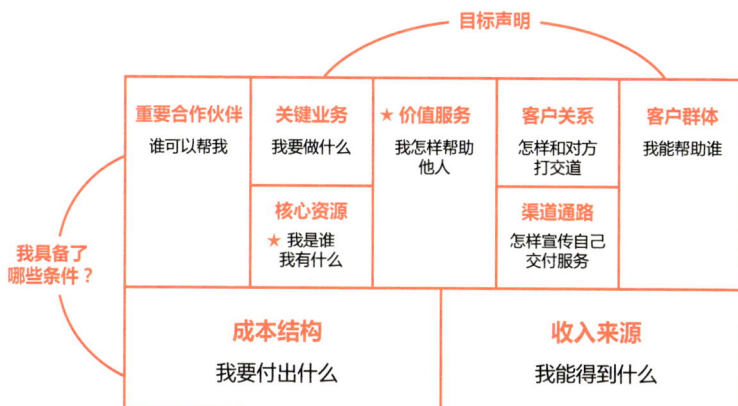

图 4-9 个人商业画布

- **我有什么？**

  在图中对应的是：核心资源。你已经具备了哪些经验、技能、资源？

- **谁可以帮我？**

  在图中对应的是：重要合伙伙伴。你拥有了哪些人脉？

- **我能付出什么？**

  在图中对应的是：成本结构。包括你的时间（留出的家人时间、亲子时间是否足够）、精力（是否有很多事物占据精力，精神状态是否充足）、知识（是否足够，是否有你的核心价值）、体力（身体状态如何）、物质投入（资金、场地、设备等）等等。

　　我这位做家庭教育的作家朋友，不仅拥有过硬的专业知识，而且有签约机构全力辅导他，他自己又有死磕到底的毅力，舍得投入大量的时间并坚持不懈。所以，我们都相信他的转型计划会成功。

　　而那位很潮的月光族朋友，虽然在工作之余接了一些设计订单，但并不稳定，无法确保在转型过渡期间收入能满足生活开支。假设他有一些积蓄，那么成为独立策划人会是一个不错的选择。

　　但是现在，他只能忍耐并开始积累客户资源，待收入足够稳定之后再转型。

　　因此，请你为了未来的自己，带有远见地去工作，从现在开始种下好的种子，用心积累。让自己拥有应对不确定性的能力和选择权。

第 5 章　如何在新领域获得先发优势

"我对新领域一无所知怎么办？"

"我该从哪里开始下手？"

一旦选定了方向，心里就会踏实下来，但同时也会出现新的声音和对未知的隐隐恐慌。在这一章，我送你 3 个锦囊，帮助你在新领域获得先发优势，为你快速立足做准备。

- 锦囊 1：获得职业内幕
- 锦囊 2：锁定一位人生导师
- 锦囊 3：拥有跨界力

第 1 节　锦囊 1：获得职业内幕

每当有学员准备跳出自己的舒适圈，踏入一个新领域时，我就会悄悄提醒他们去秘密做一个功课：获取这个新领域的职业内幕。

要获取的职业内幕如下面的 PLACE 模型（图 5-1）所示，简单来说包括下述内容。

- P → Position（职位信息）：工作职责、工作强度、具体任务和责任、需要的付出等。
- L → Location（工作环境）：地理位置、线上还是线下、工作安全性，以及是否经常出差等。
- A → Advancement（发展空间）：发展前景、稳定性、晋升通道，以及是否是赋能型事业等。
- C → Condition of Employment（待遇安排）：收入、进修机会、经验沉淀、其他福利等。
- E → Entry Requirement（入职要求）：学历、经验、执业资质、个人特质等。
- E → Experience（他人经验）：过来人的经验、教训、给新人的建议等。

PLACE

职位信息	工作环境	发展空间	待遇安排	入职要求 他人经验

图 5-1　PLACE 模型

除此之外，你还可以获取你在意的其他任何方面。

如何才能获取到真正的职业内幕呢？

(1) 寻找痕迹

① 盲搜，在网络中搜寻与你的职业相关的关键词，可以在百度、朋友圈、小红书、知乎等地方搜寻。你会初步获取一些基本信息，甚至会看到你意料之外的信息。但这些信息鱼龙混杂，需要你擦亮眼睛

去甄别，不可盲听盲信。

②锁定，列出你觉得正在过着你所向往的生活的人、有思想有见解的人、与你有相似经验的人。

③深入，在网络上或者图书中搜寻他们的个人简介和职业发展故事，如果你有他们的朋友圈，就花点时间好好浏览一下他们的朋友圈。

你会发现一些很特别的模式，例如我曾经在浏览几位我特别崇拜的作家和创始人的经历时发现，很多优秀的人，在 30 岁左右都曾经历过一个转折，这些转折给了他们痛苦，也给了他们新生的翅膀。

④罗列，基于你目前掌握的信息，详细罗列你想获取的信息、你想解决的疑惑。

(2) 诚意约谈

在寻求帮助之前，一定谨记一件事：要让他人产生帮助你的意愿。

多年前还在做跨界品牌联合会时，我时常帮人对接资源。那时，经常有朋友推荐他们的朋友来找我帮忙，偶尔我会收到这样的开门见山：

"资源对接呢，我知道，很多年前我就开始帮很多人对接了呢，我有很多资源，我们做这块都很久了呢，好多人都找我帮忙，我各行各业都有认识的人……"

于是我回复他："嗯，你很棒啊，加油。"潜台词是"看起来不需要我支持什么了啊"。

如果他换种说法：

"你好，我是某某的朋友（他向我引荐的您），我现在在做某某项目，需要一些 ×××，不知道您这边是否有这样的资源，能不能帮个忙引荐一下？另外，佳韵老师，我这边也做过一些资源对接，如果有什么地方能帮到您的，请您随时跟我说，不要客气啊，我也会全力以赴的。"

你会愿意帮前者还是后者呢？

你手中的资源和能力，是用来回报那些疼惜过你、拉过你一把的人的，它们是感恩的礼物，而不是你炫耀的工具。心理学中说，人往往越没有什么越炫耀什么。把你的炫耀去掉，换成真心相待，这才是你手中资源的正确打开方式。

为了避免你在约见专业人士时一不小心留下不好的印象，影响你未来的机会，给你 6 个小秘诀。

① 弄清楚你到底要问什么。

有的人提的问题太大，或者目标过于模糊，即便是对方愿意帮忙，也不知道从何谈起。

举个例子，我时常被问到一句话：

"佳韵老师，我想换份工作，想听听你的建议。"

每次听到这样的问题，我大脑中就涌现出一片由建议组成的汪洋大海。

也有人是这样问我的：

"佳韵老师，我现在在两份工作之间犹豫，不知道选哪一个，你能不能给我一些建议或者思考的方向啊？"

你看，这样的问法，就比较容易拿到建议。

② 认清一件事：他人是在帮你。

年轻的时候，我曾犯过不少傻。明明是我向前辈们请教，可是在买单的时候，总是前辈买单。现在想来，虽然是前辈心疼我，但这样做很是不该。

受到恩惠，一定要懂得感恩和回报。别人花时间专程为我答疑解惑已经是极大的善意了，即便对方比我收入高，我也不该让他们买单，因为他们的时间成本更高。

有一次，我到北京学习，午休时约了一位畅销书作家，他的课程和书都是全网爆款，那个时候我刚萌生了写书的念头，就鼓起勇气邀约他见面请教，他很爽快地同意了。我邀请他选择一家自己方便且喜欢的餐厅，我请客。

可惜，等我中午下课过去的时候，由于堵车，迟到了 10 分钟，路上我担心年轻时的事情再次出现，连忙打电话道歉，且再三强调"先点喜欢的菜，千万别客气，等我来买单"。

最终，拗不过我的诚意，对方说："好吧，那这次你请客，下次我请。"

后来，我的第一本书出版后，我特意为这位朋友寄去了一本定制版的《跨界力》，且附上了一封手写的感谢信。

事实上，我们是否是真心诚意地感激，对方一定是能够感知到的。

③ 提有价值的问题。

对于一些能够轻易在网上查到的信息，建议自己主动去了解。毕竟你们之间的交流时间如此宝贵，要把时间留给更有价值的问题。

你可以简单寒暄感激后，提问你准备好的一些问题，当然，你还可以带上纸笔，在对方同意的情况下，把一些重要信息记录在纸上，或者手机上。

通常来说，对方会被你的这一举动感动，认为你是一个认真的人，会愿意为你分享更多。因为优秀的人，更愿意帮助认真上进的人。

④ 保持持续对话。

你知道吗？很多人在咨询完之后，就再也没有然后了。

许多心理学实验都验证过一个事实：那些帮助过你的人，大概率会愿意持续帮助你。

如果你遇到了一位贵人，却稀里糊涂地丢掉了，又每每感叹自己孤立无援、贵人缘差，岂不是冤枉了老天？

你只需要和他们保持真诚的联系即可。例如，在咨询完的当天或隔天，再发一段感谢。过一段时间，向对方反馈一下你的进展，或者送一份心意礼物。千万别怕打扰对方，事实上，施以援手的人，看到你如今的进展心里会很温暖的。你也可以偶尔关注一下对方的动态变化，及时提供你的帮助。

这样，你们之间的关系就会更加密切和真实。

记得写封感谢信，用真心来交往，这也是"好运法则"中的一点。

⑤ 请对方帮你引荐其他人脉。

如果你和对方聊得不错，可以尝试提出让他帮你引荐一位他的朋友，这样你就可以约谈到更多行业内的专业人士，获得更多的信息了。

尤其需要提醒的一点是：要真诚，找准时机，不要不好意思提，也不可让对方误以为你急功近利。

⑥ 为他们创造价值。

在谈话的过程中，你可以开启你的"信号"，去捕捉他的需要。

当有人非常热心地为我分享付费级别的经验时，我会特别留意他的需要，或者去寻找我能为他做的事情。实在找不到了，我会直接问出来："真的是特别谢谢你为我分享这么多啊，不知道有没有什么地方是我能回报你的啊，我也特别希望能为你做些什么。"

例如，有一位擅长精力管理的朋友在我状态持续低迷的时候，深夜和我畅聊 2 小时，我立刻好了很多。这个沟通完全称得上她的一次私教咨询。结束前，我提出了我的一点发现："你这么专业，你有没有考虑过出书？"

"当然啊，这是我的梦想，不过我现在还不知道该怎么出，也没有什么资源，所以想着就往后放一放，两年后再出吧。"

"你真的想出一本自己的书吗？"

"是啊。"

"好，我帮你。你的资源来了。"

"天啊，我的贵人出现了。"

就这样，我用帮她实现出书梦想的方式，回报了她对我心灵的救赎。朋友说，按照价格来算我亏了。可我不这么认为，对待真诚的帮助，本就该用真心狠狠地回报，不是吗？

(3) 沉浸式体验

所有别人告诉你的信息，都来自他们自身的体验和感受。然而，体验与当时当刻的机遇有关，你未必会遇到与他人一模一样的情形；而感受，来源于一个人对一件事情的认知，认知不同，即使是同一件事情，带来的感受也会不同。

因此，我建议你自己亲自去体验一番，用 1 周至 1 个月的时间，来一次"沉浸式体验"。

你可以选择当学徒、做志愿者或义工、寻求职业体验服务，或者加入非营利组织的理事会参与具体事务等。如果你有朋友正在做这件事，你甚至可以提出免费为她提供 1 周的服务。我有一个朋友曾经想要进入我的行业，于是就时常替我开车，陪我出席各种活动，陪我洽谈业务。我也很乐意引荐资源给她，同时带她体验真正的幕后工作。

第2节　锦囊2：锁定一位人生导师

有了内幕，就像擦亮了双眼，拨开了迷雾，看清了地图。在丛林探险时，如果有一位资深探险家在身边，岂不是更有安全感？

因此，如果有缘分，一定要为自己寻得一位人生导师。

我很幸运，在我人生的每个阶段，都有一位令我感激且深深铭记于心的人生导师，例如小学时的体育老师、初中时的班主任、高中时的英语老师、大学时的院长和书记、工作时的几位领导、创业时的几位朋友，等等。

我相信你的人生中也有许多的贵人在每个路口向你伸出过手，请你现在想想看，他们现在还在你身边吗？

我知道，很多贵人和我们只是萍水相逢、擦肩而过。

可相较于"如何拥有贵人和人生导师"，我觉得更重要的是"如何留住你的贵人和人生导师"，否则，人生短暂，能有几个贵人让我们去错过呢？因此，请先把"寻找"的精力和心思放在"用心留住"上。

想想看，多年过去，你是否给曾经的这些贵人发送过节日祝福？日常是否有打电话聊聊你的近况？是否有在你的一些作品中再次提到过他们？有好机会的时候是否有想到过回报他们？

如果此时此刻，你的心里突然回忆起了什么，突然涌起了一股不知道是什么的感觉，请你放下此书，拿出一张纸，把你此刻想念的人写在上面，给自己约定一个时间，去联络一下他们。

来吧，现在就写。写完再来看接下来的内容。

你已经写完了，对吗？

好的，恭喜你已经触发了与他们心灵上的连接，作为礼物，我送给你一个锦囊：如何找到你未来的人生导师。

(1) 找出你想效仿的人或者你喜欢和崇拜的人

也许这个人你可以联络到，也许这个人过于知名，你鞭长莫及，又或许这个人已经不在这个世界。如果你心目中的这个人不止一个，你可以排个序，优先选择你可以联络到的人。这样你们之间的互动会为你带来最直接的帮助。对于后两种情况，你可以把他们作为你的偶像和精神引领者，从他们的著作、思想和行为中学习。

(2) 确保他是适合做导师的

我必须告诉你一个扎心的事实：并非自身成绩优秀的人就一定适合做导师。

你选择导师的标准，应当是这位导师愿意为你赋能、能够为你答疑解惑、愿意倾听、愿意根据你的个人特质提供适合你的建议，你和他在一起感受到的是希望，是能量，而非自卑、否定。

一个朋友告诉我说，她有一个在自媒体界很厉害的大 V 朋友，对她很热心，也特别希望她把自媒体做起来，有一段时间时常为她分享一些建议。听起来似乎是很不错的一位领路人，对不对？

可是，这位朋友对我说，一开始没什么，可是后来她心里越来越不舒服。

因为她那位朋友向她提出建议的时候，时常会用到一些"否定词"，否定她的想法，要求她怎么怎么做，尤其是无意间的一些玩笑话和语气，让她觉得特别伤自尊、受到打击。她甚至陷入自我怀疑、自我否定。

如果你的导师给到你的不是希望和力量，那么他就不适合做你的导师，只适合做锦囊 1 中的专业人士。

优秀的导师，会愿意倾听你的想法，并且帮助你确认自己的真正追求，而不是将自己预设的意志强加在你身上，用不适合你的方式逼你努力。

有一位作者的方式让我非常感动，他总是尽量重视他的学生的请教。并非他不忙，而是他认为"如果我表现出来不情愿或者为难，我的学生就很难再开口"，所以无论多忙，他都尽可能地去重视这件事，并且他觉得，一个优秀的导师，应该表现得很乐意帮助别人。

而且，这种表现不是伪装，是真的愿意。

我特别感激我在可口可乐公司做管理培训生[①]期间遇到的一位导师。那是我入职后的第二年，HR 把我们管理培训生各自的轮岗计划单独发给了我们个人。我一看，在我日后的轮岗计划中竟然始终没有市场部，这就意味着在第三年末定岗时我绝不可能有机会定岗在市场部。我苦恼了许久，毕竟我是市场营销专业出身的，负责品牌和市场的运作是我最感兴趣的事情。

我询问了同为管理培训生的同事，面对收到的计划他们选择了妥协。没错，如果去沟通调整，势必会给那位 HR 增加工作量，而且是否会留下不好的印象也未可知。

我纠结了两天，想到这个轮岗计划将决定我下一年的定岗部门，而定岗后的工作经验，直接决定了我在整个职业生涯中的定位。这太恐怖了，这简直是现实版的"失之毫厘，谬以千里"。这个误差我必须纠正过来，我不要我的未来偏离轨道，做着不喜欢的工作。

我鼓起勇气，小心翼翼地去找负责我们管理培训生的 HR 沟通，希望能把市场部加入轮岗计划。没想到，那位 HR 对我说了一句话：

---

① 管理培训生，是企业为了培养管理层人员而从应届毕业生中选拔出来的优秀人才，按照管理层的方向来培养，每年定期省外培训辅导。前三年在不同岗位轮岗，力求了解公司各部门的事务，而后从轮岗过的岗位中选择一个最适合个人发展的岗位定岗。

"目标性太强，不好。"

这句话对我打击很大，初入职场的我还没有形成自己的明确的认知体系，我一直在怀疑：真的是我目标性太强了吗？慢慢地，这句话变成了自我否定。

幸运的是，我立刻约见了我当时的职场导师，诉说了我的苦恼。没想到，导师对我说：

"那是因为增加了她的工作量。这是你的职业发展，当然要有一个清晰的方向，而且要为此提前做规划。你做的是对的！没事，如果她还阻碍，我去找她领导，我帮你搞定。"

你能想象到吗？初入职场的我，得到导师如此肯定的鼓励，以及如此实在的支持，是多么感动、激动。

不久后，我收到一封关于新的轮岗计划的邮件，在我的轮岗计划中的第三年，赫然写着 3 个大字："市场部"。从此之后，我的职业生涯终于回到我喜欢的品牌运作方向，有趣，有挑战，也有成绩。

所以，我非常感激那位导师，感激他做了我人生轨道中的"扳道工"[①]，即便已经十多年过去，如今想来我依然心怀感激。

我喜欢这样的导师，知道什么是为你好，知道如何做能够为你好，还愿意为你亲自出马。如果你身边有这样的贵人出现，一定要擦亮眼睛认出来。

(3) 如何鉴别并找到你的导师

也许你会羡慕我在每个阶段都神奇地拥有一位导师，仿佛老天特意安排了这样一个人在某个路口等着我，在某段路程中陪伴我。那么，你该如何找到你的导师呢？

---

① 扳道工指的是在铁路上的岔道口利用扳道器改变火车行进方向的人。

有几个非常好用的方法。

① 留意曾经给过你珍贵帮助的人，最好是曾为你"雪中送炭"的人，与他们保持联络。

② 留意某个领域的专业人士，如果他具有前面 (2) 中的一些优秀特质，你可以试着主动邀请他成为你的导师。

你可以说："我想请求您一件事，我想请您当我的导师，我们每 6 个月见一次面，一起吃顿晚餐，听你给我一些建议和指导。您愿意做我的导师吗？"你大胆地邀请了，而且明确地告诉了对方需要承担的责任，就很容易获得肯定的答复。

③ 留意在某个领域做得很棒，或者正在快速发展的人。你可以邀请他带着你一起向前跑，你们可以互相分享和探讨。千万不要以为对方正在起步阶段，或者因为对方的年龄小就小看对方。

今年 7 月份，我开始研究小红书平台，催我更新的导师许多，但促使我真正行动起来的，并不是那些动辄收费 5 位数的小红书导师，而是我的一位正在研究小红书的 95 后作家朋友，她的小红书做得很不错，虽然断更了一小段时间，但她准备再次出发。那通电话还没结束，我就立刻对她说："我拜你为师吧，你带带我。"从那之后，我有了什么小红书的心得感悟，就会和她交流，两周时间就出了几个小爆款。

④ 直接付费找靠谱的专业导师。你虽然付出了资金成本，但也收获了一个导师对你的赋能责任。

特意提醒以下两件事。

第一，一定要擦亮眼睛寻找适合你的、负责任的、有成长型思维的导师。我见到过太多花费 6 位数却收获寥寥的"韭菜"了。这一点，我会在第 6 章第 3 节详细揭秘。

第二，如果你听到一个导师是 1998 年出生的，你会想给她付费做你的导师吗？如果你发现她年纪轻轻就出版了 5 本书，每年轻松赚到 100 万元呢？所以，请记得年龄从来不是条件，能力才是。

(4) 不要辜负你的导师

在这里，"不要辜负"有下面几种含义。

第 1 种：不要辜负导师的信任。既然导师花费了心力、时间来支持你，你就要努力地做出一定的成绩。对引路人来说，最好的回报就是你的成长和成果。

第 2 种：不要做过河拆桥、背信弃义的事。想都不要想，这是大忌。

第 3 种：不要做出尔反尔的事。一旦如此，你丢掉的是你自己的信誉和立身之本。

如果你觉得这 3 点太容易做到了，那么恭喜你，你的内心住着一个侠义之士。

做跨界品牌联合会的那段时间，我帮助过无数的人，曾经有一位朋友刚来到本地，负责某品牌的市场工作，手中没有太多的合作资源，希望我能带带他。接下来的一段时间，他就时常参与我们的大小活动，且非常热情地主动帮忙。后来，我同意他成为我们的幕后工作人员。

1 年后，在我组织的一次活动中，一位老朋友对我说："佳韵，有件事我想了想，还是要对你说……那个谁，他又单独建了一个微信群，把你群里的人都邀请进去了，也邀请了我，不过我看，唯独没有邀请你。"

我听了之后，有点诧异。朋友继续说：

"我参加了一次他的活动，流程和你的几乎一模一样，唯独感觉不对。"

"怎么了呢？"

"就是觉得没有温度，特别急功近利的资源对接，和你组织的完全不一样，虽然流程都一样，但就是体验不好，我挺不喜欢的。参加一次之后就再也没有去过了。"

后来听说，那位朋友的社群没做几期就不做了，曾经和他合作过的朋友，也因为各种各样的事情不再和他联络。

发现了吗？圈子的威力就在于，能够为你瞬间赋能，也能让你众叛亲离。品行，永远是我们的立身之本，日久见人心。

因此，不仅仅是对待帮助过你的导师、贵人，对待日常的每一位朋友，都应当真心真意，切不可寒了那颗曾温暖过你的心。

(5) 懂得如何回报

感恩这两个字，估计大家听得耳朵都起茧子了。

但是，真的不是所有人都"会"感恩。这是我直到 30 多岁才发现的一件事。更令我震惊的是，甚至许多三四十岁的人都不懂得感恩这件事。

"会感恩"这件事，其实包含 4 个层面：一个是知道要感恩，一个是愿意感恩，一个是愿意切实地把感恩落实到行动上，一个是懂得如何感恩。

在懂得感恩这个层面，我想重点强调 4 个原则：

及时感恩、真心真意、实际行动、保持联系。

如果有人帮了你的忙，请你立刻表达感激或者送一份适合对方的礼物，或者也帮对方实现一个心愿。在锦囊 1 中的"诚意约谈"这个小妙招中，我帮助那位擅长精力管理的老师出书，不就是立刻回报她了吗？

为什么要真心真意呢？因为常常帮助他人的人，一定见到过形形色色的人。你是否真心真意，对方完全可以感知出来。

电视剧《小欢喜》里有一段特别有趣的对话。王一迪的妈妈想找磊儿帮自己女儿一迪补习功课，她找到磊儿家，进门后，当着磊儿的小姨文洁的面，对磊儿说：

"磊儿，一会儿阿姨给你发个红包哈。"

"不用不用，孩子互相帮助是应该的。"文洁说。

"那可不行，孩子付出劳动了……只可惜，微信红包金额有上限，要不然阿姨给你发个大的。"

电视剧播放到这里，手机上满屏飘着"可以转账""可以多发几个"的弹幕。就连剧中的文洁，也在当天和闺蜜一起吃饭时这样哭笑不得地说。

除了真心真意之外，行动也是时常令人哭笑不得的一个回报"黑洞"。你一定听说过这样一句话："回头请你吃饭啊！"

究竟有多少人是真的回了头呢？有的人啊，这辈子头都回断了，也没见到请吃饭。

上面这种是"回报失信"，还有一种是"回报失衡"。例如，别人帮了你一个价值十万元的大忙，你却只是轻声说了一句"谢谢"，或者随意回报了一个不起眼的小礼物。

我要再次解释一下：我并非鼓励大家破费，而是鼓励大家用真心和行动，去回报别人的滴水之恩。至少你在选择礼物的时候，不一定非得追求在价格上多贵重，但可以考虑对方是否非常喜欢或非常需要，礼物是否非常有意义，而不是随便选一个让对方留也不是丢也不是的礼物。

最后，请你记得和你的贵人保持联系。如果你希望你身边的贵人越来越多，就要懂得留住曾经雪中送炭的人，不要只当作"一次性"的交往。唯有这样，你才不会总是陷入无休止的扩大人脉圈的旋涡中。

第3节　锦囊3：拥有跨界力

如我在《跨界力》一书中所提到的，构成跨界力的有三个核心要素：跨界思维、个人知识体系、人脉和资源。

大多数人所关心的知识的学习、能力的增长、内在的提升、经验的积累等，从根本上来说，只是满足"把事情做好"这个层面。而跨界力能帮助我们"把事情做得更加自如"。

(1) 跨界思维

跨界思维能帮助我们突破固有思维的边界，让你的思想飞起来，大胆地畅想，你的灵感突然就来了，许多事情的症结一下就解开了。而你，也可以通过跨界合作，打开市场宣传的通道、客户通道、创新通道和内容通道等。

我整理了10种我认为对提升跨界力非常有效的思维方式，包括用户思维、整合思维、全局思维、突破思维、逆向思维、长远思维、关联思维、发散思维、成长型思维、极致思维。

这些思维在商业的跨界合作、个人的跨界成长、知识体系的研发、产品的创新设计、关系的突破等方面，都发挥着极大的作用。

具体内容在《跨界力》一书中已详细阐述，且该书中有大量出人意料的真实故事，相信一定会为你带来思维的飞跃。本书在此不做赘述。

(2) 个人知识体系

不断对知识、经验进行深度的思考加工，形成自己的认知内核和知识架构。有了知识体系，你就可以更好地理解和解决某些问题。

什么是知识体系？

咱们打个比方。搭建知识体系的过程，就像是把别人的猴子娶回家（别人的知识变成了你的新知识），最好是再生出一串的小猴子（你的旧知识和你的新知识融合，迸发出新的灵感或认知），小猴子的子孙又生了一堆小猴子，渐渐地猴群内部开始等级分化，有了组织（你的知识开始分叉，逐步形成一套相互关联的体系）。最终形成的这个组织，就是你的知识体系。

你知道为什么有些人，你看见他的第一眼就觉得他有很不一样的气质吗？让你觉得不一样的，也许是他的着装，但真正吸引你的却是他们由内而外散发的看不见的能量。如同《黄帝内经》里的一句话："阴阳者，天地之道也。"孤阴不生，独阳不长。有一些看不见的部分，在支撑着那些看得见的部分。

这就是为什么在提升跨界力时，我比较推崇由内而外的成长方式。因为无论你的外在如何升级，你一旦开口说话，别人立刻就能从你的举手投足间看出你的修养和思想内涵。

而提升你的修养和思想内涵的通路之一，就是升级你的"内在稳定性"。当你的内在足够稳定，你就不会因为一些不同的意见而急躁，不会因为外界的杂音而轻易动摇，不会因为贸然的指责而自我否定，更不会因为不合适的建议而让自己陷入恶性循环。

从此刻起，你可以试着整理自己的知识体系，让自己成为一个专业人士。不要以为你刚踏入一个领域，远不如比你早踏入这个行业的人，因为时间和专业能力并不成正比，你的专业程度 = 努力的方式 × 你投入的时间 × 你的学习能力。

在第 7 章，我会教你一个 5 倍成长力的方法，让你用同样的时间获得比别人更多的成长。

此刻，我想告诉你一个令我自己受益良多的知识体系的搭建方法：知识盒子。

我不知道现在正在读这本书的你年龄多大，记忆力如何，反正，我自己已经亲身体验到，随着年龄的增大，我的记忆力是大不如从前。因此，我为自己寻找了两个"知识盒子"，随时帮我分担记忆的压力。幸运的是，一不小心，这个盒子里竟然长出了我的一套套的知识体系。

第一个是手机里的便笺，如随笔记等。

我会随时把自己看到的一些书中内容、在路上想到的一些灵感、一些短视频给我的启发等分别记录在我的便笺里，这里面有许多内容整理后都可以形成一套套的分享主题。

例如，我的便笺有许多的分类：心理学概念及模型、科学实验素材案例、沟通技巧记录、咨询记录、必读书单（百年书单）、美好文字、直播话术和小妙招、创业心得、案例积累、短视频剧本思路。

第二个是电脑中的记录软件，如石墨文档、腾讯文档等。

我会把近期研究的内容及时记录下来，并且归纳整理成操作手册，一方面方便自己，另一方面也方便传播给我的学员。另外，我现在记录分享大纲和灵感时，也喜欢使用石墨文档，因为线上的保存方式，让我即便没有带电脑在身边，也依然可以通过手机查看。我的石墨文档中有着大量的分类文件夹，还有我重要的分享内容。

例如心理学合集、解忧时间咨询记录、我的核心理念和观点、小红书从 0 到 1 行动指南、直播发售操盘 SOP[①]、朋友圈文案、个人品牌故事创作灵感、如何舒适自在地打造个人品牌体系、如何做一场吸引人的直播分享、高体验感直播连线技巧等。

总之，无论你现在正在学习什么，正在做什么，都可以顺手把你的知识经验记录下来。

---

① 指的是标准作业程序。

现在，我要告诉你另一个重点，这件事是让你与他人拉开距离的另一个关键：你的思维方式。

"佳韵老师，你太厉害了，被你这么一梳理，我一头乱麻的问题，一下子就清晰了。"

每次咨询结束后，我都会把一些必要的内容发给我的来访者，帮助他们回忆和采取下一步的行动。

我非常了解一件事，咨询中的这 1 小时，我们大多会沉浸在问题中，沉浸在感觉中，即便找到了一些解决方法，突然间明白了，可是睡一觉起来后，大多数聊天内容也会被自己忘得干干净净，甚至连当时顿悟的启发和找到的方法也难逃此劫。

所以，如果是线上咨询，我会一边沟通一边梳理和记录重点，并一边记录一边寻找突破口，同时敏锐地捕捉"乔装打扮"的隐藏信息。

我把这种追求底层逻辑、探寻核心本质、快速整合信息的方式称为"透视学习法"，我们就像是戴了一副能够洞穿一切的透视镜一样，拥有了唐三的紫极魔瞳① 的最高境界。这也是我的日常学习方式，不仅学习知识，更学习底层逻辑，同时将这些新知识和自己原有的知识体系相融合。这样，你的知识体系就像一棵小树一样茁壮成长，慢慢地，有一天你会突然发现，你的很多小树连起来，居然成就了一片片的树林。此时，你的知识体系就获得了更高一个维度的升级。

如果把知识体系显化出来，那么它就像一本书的框架，许多个片段组成了一个主题小节，许多个主题小节组成了一个章，许多个章组成了一本书。

如果你愿意，请你现在就开始慢慢养成收集、记录碎片知识的习惯，慢慢地你的知识体系就可以拼成了一整幅地图。具体的思维方

---

① 唐三是玄幻小说《斗罗大陆》中的主角之一，拥有紫极魔瞳的绝技功法，此功法从低到高分为纵观、入微、芥子和浩瀚四个境界。

式，你可以参考本书前面提到的 SO WHAT 法（也叫追问法），也可以参考 5W1H 方法、鱼骨图分析法、金字塔原理或者《跨界力》中提到的"导演模型"。

这其中任何一种方法，只要你多使用几次，慢慢就可以融会贯通，形成你的思维习惯。你慢慢也能够形成你的核心理论支撑，或者创作出你自己的知识体系。当你越来越专业，你就可以在这个领域赢得更多的信任和机会。

(3) 人脉和资源

人脉和资源，足以给到你事半功倍的奇遇。有了它们，就相当于你在各个领域拥有了一双慧眼，在你的身后有一个宝藏库。想想看，你会多么有安全感。

在此，我要特别强调的是：一定要积累"真正的人脉和资源"。

"难不成还有假的吗？"

严格来说，是无效的人脉资源，或者是滥竽充数的人脉资源。真正的人脉是什么？是当有好的机会出现时，他能想起你，给你打电话。当你需要帮助时，他愿意立刻发动他的人脉支持你。

的确，不是所有的人都特别愿意共享自己的资源，毕竟拥有别人没有的资源是一种优势和自信。那么，怎么才能拥有真正的人脉呢？

对于这个问题，我们可以换个问法：如何才能让更多的人愿意帮助自己呢？

这样一来，这个问题就显得清晰多了，主要有两大影响因素：一是对方本身的特质，也就是他本身是否乐于分享和热心助人；二是你自己的口碑如何，行为举止是否到位，能否让别人愿意帮助你。

我们可控的只有第二个因素。我总结了 5 个增加贵人缘的"秘方"，每一个"秘方"都来自真实生活，且经过验证，你可以大胆使用，用了就会见效。

第一，讨人喜欢。心理学研究表明，第一印象对一个人有着很大的影响。

我曾经发现一个现象，当我们与一个新朋友第一次通话或者见面的时候，对方的状态会直接影响到我们之后的交流，包括关系的进展。

你知道吗？对方一张口，你就会知道这场通话是否会愉快。有的人声音爽朗活泼，真诚纯净，温柔谦逊，这样的交谈会让你不由自主地分享更多；有的人一张口声音沉闷收紧、严肃多虑、冰冷坚硬，我整个人都觉得发紧、距离遥远，对方就好像一只鸟儿，被关在笼子里，你触碰不到他的心；当然，我偶尔也会碰到傲气满满的人，这场通话大概率会快速结束且我和他再无交集。

即使不见面，仅仅通过声音也能传递出来各种信息，有的朋友第一次通话就能超过 1 小时，而有的朋友 10 分钟都聊不下去。这与兴趣是否相投无关，与是否拥有基本的社交礼仪、基本的人格尊重、个人敞开度、内在状态有关。换言之，这背后映射的是我们内在的修为。

事实上，有些人并非故意留下某种印象，只是潜意识对自我的一种保护。只是，如果这种潜意识自己没有意识到，且为你带来了负面影响，岂不是冤得很？

要留下一个令人喜欢的印象并不难（当然，这并不是要让你成为"讨好型人格"），只要在沟通中，按下开关键即可——这个开关就是"感受"。

如图 5-2 所示，感受包括你的自我感受、你对别人的感受、别人对你的感受，以及别人的自我感受。关注到这些并不难，从语气语调、语言停顿时长、语气词、表情、动作等细节都可以观察出来。当你关注到交流中的情感，并做出回应和表达方式的调整，就会让别人感觉良好，而人们都喜欢和那些让自己感觉很好、很舒服的人在一起。

你的感受

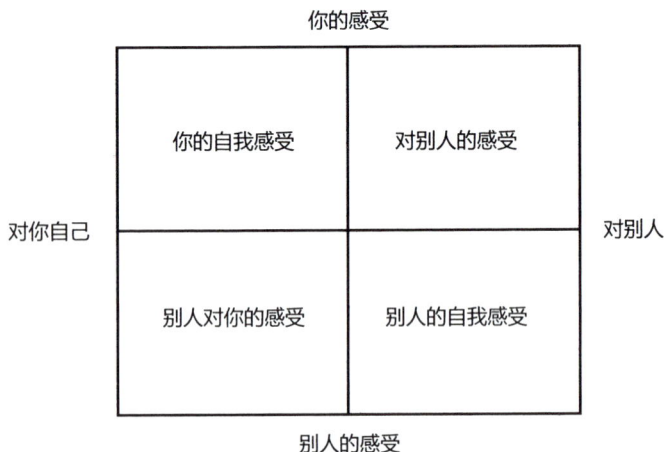

	你的自我感受	对别人的感受	
对你自己			对别人
	别人对你的感受	别人的自我感受	

别人的感受

图 5-2　感受象限

其实，这也包含了下面的第二个"秘方"。

第二，懂得换位思考和共赢。相比说它是一种技巧，我更愿意称之为"真心"。

这个秘方在我的任何一本书和课程中都是重中之重。这也是跨界力的一种重要应用。

当你真心为一个人好的时候，你会自然而然地为他着想。如果对方给予了你莫大的便利和支持，你自然而然就会想到，对方的此番付出，是否也能收获什么？

例如，我会让与我合作的供应商留足相应的利润，在此前提下，再尽可能地给予我们优惠；有些品牌方请我帮忙寻找一些会员沙龙的主题讲师，有时候预算很低，我的朋友基于情面并不计较，但我会记在心上，如果有更高出场费的机会，一定会再次想到这位朋友。

千万别总想着占便宜，只有共赢和真心的换位思考，能够让关系更长久。如何更懂对方的需求呢？可以试着使用第 4 章的几个需求模型。

第三，要舍得优先利他。

如果你愿意帮助别人，通常也会有很多人愿意帮助你。重要的是，你是不是愿意先人一步，也就是说，在别人帮助你之前，就帮助别人。

有一次，我在朋友圈看到了一个朋友在发布自己的年度会员产品。当时我看出了几个隐藏问题，就第一时间与她私聊，之后我们又通电话聊了 1 个多小时，我毫无保留地为她分享了经验和建议。没想到的是，我只是打了一通热心的电话而已，她却当下就决定付费 5 位数成为我的学员。

因为毫无杂念地帮助他人，结果却给自己带来了机会、资源、金钱的例子数不胜数。许多人口口声声说"要有利他思维"，却把"利他"的顺序放在了"他人利己"之后。这样的利他，并非纯粹的利他。如果你有勇气和胆识，先于他人一步做到了"利他"，你会发现，你的好运气源源不断，你的身边总是围绕着数不清的"善意"。

第四，要懂得感恩。别人帮你是情分，不帮你是本分。

即使施以援手之人的初衷并非要获得什么，我们也要懂得感恩，去回报帮助过我们的人。那些不懂得感恩的人，会不知不觉地发现愿意帮助他的人越来越少，或者同一个人帮他的频次越来越低。

其实，我们往往更容易看见并习惯性地放大自己的付出，低估别人的付出。我在过去也犯过这样的错误，因为没有亲身经历过对方在付出时所经历的一切，会把想象当作认知。后来，再请别人帮忙时，我会非常谨慎地去考虑对方即将经历怎样的流程，然后尽可能地用对方需要的方式去回报对方。

关于感恩的方式，在前面已给过锦囊，如果你有照做，期待收到你的来信，或者分享时记得 @ 我，告诉我你发生了怎样的变化。

第五，用心相待，善待礼物。如何回报对方，就是用心所在。

在这里，我们来谈一谈多数人容易忽视的一个问题：如何收礼物？

"咦？收礼物不就是收到就好了吗？这还有什么问题吗？"

当然，很多人在对待礼物时，都不经意将礼物的意义和附加价值打折了。

礼物不等于快递，礼物的本质是关系和情感，因此，你要看得到礼物实体背后的人、背后的事、背后的心意，而非仅仅是收到礼物后拆包裹，自顾自地高兴。

分享给你一个我的小方法。

近年来，我收到礼物后会做一件事：打开手机便笺，在"收到的礼物"文档中，记录下礼物的信息、送礼物的人。然后思考我该如何感激他们，有的时候，我会发一条朋友圈感谢；如果是他们自己的书、产品，我会为他们做宣传；有的时候，我会回赠一个礼物；有的时候，我会手写一封信、打一通电话等。

当然，我也有一个"送礼物清单"，记录下我送出的礼物。为什么要这么做呢？万一需要向有的人多次表达感谢，可以翻看一下记录，选择不同的礼物送。避免自己因为忘记而送重复或不合适的礼物。

总之，要用心对待，用心回应，而不是置之不理。

多年前，我有过一次切身的感受，我十分用心地为一位喜欢的作家画了一幅《荷叶锦鲤图》，这幅油画我足足画了两天。在她来当地分享的时候，主办方看到画后非常感动，邀请我作为粉丝代表上台送给了她。没想到，这位作家仅仅是十分官方地回应了一声"谢谢"。

坦白说，我的心里是有些失落的，但也更明白了回应的重要性。此后至今，在面对我的书友的时候，我都会刻意提醒自己要关注对方的感受，例如，在签名时，会询问对方喜欢的称呼和祝福；在签售会上，会尽可能地关心远道而来的书友，主动化解距离感，拍照时会挽着书友的胳膊，等等。

我读到过一本名为"让好运每天都发生"的书，作者说每当他寄出赠书之后，最快回复他谢函并认真写出心得的人，往往是平日最忙碌的人；而那些事业不顺的人，则连个回音都没有。他鼓励大家随身携带空白感谢卡，在需要感谢时利用零碎时间写感谢卡，这会为大家带来好运。

很巧，在这本书刚上市的时候，我帮一个朋友在微博和朋友圈中分享了此书的信息。后来才知道，这本书正是她编辑的。后来，在她寄送给我的书中，夹了一张她手写的卡片。透过字迹，我有一种莫名的感动。我再次分享了我的感受，并写了一段长长的感谢语给她。后来，我无意间发现，她默默地帮我转发了我朋友圈的一则招募贴，并在她的读书群里做了公布。幸运的是，群里的那些"陌生"朋友，在她的带动下，也纷纷转发了这个招募贴，我收到了许多回复。

你看，这就是一种令人舒适、自在的能量流动。这份流动，带来了好运。

一旦你做到了上面这五点，我相信就会有越来越多的人愿意帮助你。关键在于，你是否真的立刻行动。

我想说：吃水不忘挖井人，更不要忘了递铁锹的人。

我也想说：现实中，你不必总是等着别人递给你铁锹，你也可以选择主动给别人递铁锹。

事情就是这样双向的，你要珍惜你身边"真正的人脉"，也可以成为别人的"真正的人脉"。虽然不同，但都很温暖。

自己能发热的人，才能更持续地感受到温暖。就像我们把被窝暖热的同时，被窝也在温暖我们。

第 6 章　跨界之后，如何实现螺旋式成长

恭喜你，此刻，你已经弄明白了自己，看到了未来的可能性，找到了喜欢的方向，做出了最优选择，获得了先发优势。

现在，我们的种子终于开始落地生根，向上生长。

这一章，我要分享一个能帮助你螺旋式成长的方法，它就像存款的复利计息和定投一样，会为你带来赋能型、长期可持续的成长，且越到后期你会感到越自在，收获越丰厚。所以，我也把这种螺旋式成长，称为复利式生长。

这个方法叫作塑造你的个人品牌。

然而，我必须承认，包括曾经的我在内，许多人对个人品牌有着很深的误解。

- 以为只有从事自由职业、创业的人，才需要打造个人品牌。
- 以为只有想讲课的人，才需要打造个人品牌。
- 以为做微商、卖货才需要打造个人品牌。
- 以为塑造个人品牌必须辞职。
- 以为做个人品牌就是做直播，必须要直播。
- 以为做个人品牌必须要有自己的课程。
- 以为做个人品牌必须长得好看，能写会说。

- 以为做个人品牌是那些很厉害的人的事儿，自己不行。
  ……

每每听到这样的误解，我都十分心痛和惋惜。

这一章，我们一起来洞悉个人品牌的 3 个真相。

(1) 真正的个人品牌究竟是什么？

我会在第 1 节告诉你个人品牌的真身是什么。

(2) 为什么有的人在打造个人品牌时总是收效甚微、困难重重？

我会在第 2 节分享给你一套完整的个人品牌 9 大体系，它们环环相扣，是能让你真正实现螺旋式成长的奥秘。

(3) 个人品牌 5 大陷阱，以及为什么那么多的人走过弯路踩过雷。

我会在第 3 节告诉你个人品牌的 5 大陷阱，躲开它们，你才能不被摔疼。

第 1 节　真相 1：90% 的人都被误解，个人品牌的真身究竟是怎样的

究竟什么是个人品牌？

要真正弄懂个人品牌，我们得先去找找它的"原生家庭"①，理解

---

① 原生家庭是一个社会学概念，是指一个人成婚或独立之前与父母一起生活的家庭。与之对应的是新生家庭，就是夫妻双方组成的家庭，这样的家庭不包括夫妻双方的父母。

什么是品牌。

在英文中品牌是 Brand，是烙印的意思，就是在牲畜或器物上烫的火印，作为标记。现代营销学之父菲利普·科特勒（Philip Kotler）对品牌的定义是：品牌是销售者向购买者长期提供的一组特定的特点、利益和服务。我们可以理解为：品牌是指消费者对产品及产品系列的认知程度，是给拥有者带来溢价、产生增值的一种无形资产，其作用的核心在于消费者心智中形成关于品牌的印象。

由此，将上述的产品替换为个人，将消费者替换为享受到你服务的相关人，就可以理解了：个人品牌其实是他人对个人的认知程度。用通俗的话说，就是一个人所持有的一致性的印象或口碑。

在提到产品品牌的时候，消费者和用户，一个是为产品付费的人，一个是使用产品的人，他们通常被统一称为"客户"，有时消费者和用户是同一个人，有时是不同的人。

而在职场中，你的客户包括公司、你的领导、同事、公司的客户、经销商、合作伙伴等等。例如，一位人事专员，为他支付薪水的是公司，而他服务的对象是公司的员工；一位销售人员，为他支付薪水的是公司，而他服务的对象是公司的客户、经销商、合作伙伴等。

在创业时，你的客户包括所有能够为你的项目带来收入的客户、带来资源和机会的合作伙伴，也包括尚未付费的潜在客户。

在生活中，你的客户包括你的朋友、你的另一半、你的孩子、你的长辈、你的老师、你的圈子伙伴、你的小区邻居……你有没有发现，生活中我们也时常听到一些闲谈，比如"某某为人如何如何""小区里谁家孩子特别懂事、谁家妈妈特别厉害"等。

在百度百科上，个人品牌被详细定义为：个人拥有的外在形象和内在涵养所传递的独特、鲜明、确定、易被感知的信息集合体。具有整体性、长期性、稳定性的特性。

"哎呀，我最近太忙了，都没空打造个人品牌了。"

每次听到这样的话，我都忍不住倒吸一口气。

个人品牌不是打造出来的，它就是你。它就是你的一个外在呈现和他人的感知而已。

场景 1：职场中也有个人品牌

在职场中，你有没有发现，有些事情领导就是特别放心地交给某个人？有些同事就是能赢得众多人的尊重，这与职位高低无关。

我在可口可乐公司的时候，公司里有一位老员工，特别擅长 Excel 的使用，任何复杂的公式她都会。所以，基本上公司里所有部门的人在遇到拿不准的复杂公式时都会请教她。

你看，这就是她在公司里的个人品牌：Excel 高手。

你在别人眼中的价值感如何？别人想到什么会想到你？想到你的时候又会想到什么呢？

我在可口可乐公司做管理培训生的时候，曾被跨级领导钦点主导策划公司新项目"24 小时行动"，推动提升一线问题的解决效率。当时，我被授权以普通员工的身份，调动全公司高管的支持。1 个月后，公司的一线投诉率直接下降为零，我也作为可口可乐公司郑州装瓶厂创立以来第一位参与管理层会议的普通员工。

此后，我又被钦点接手了价值 3000 万元的公司四大年度重点项目之一"揭金盖赢奖"，就是大家常常看到的"再来一瓶"的项目。那时我刚毕业三年。

在公司高层眼中，我是一个可以托付重任的女生，当时公司里流传一句话：佳韵是小身板大能量。

为什么会被点名？

这就是个人品牌在职场中的作用——赢得口碑、赢得不可思议的信任和认可，包括你的职场竞争力——好的机会一定是属于拥有个人品牌的人。后来，我便时常接到猎头的电话，甚至于在之后的职场生涯中，鲜少担心自己缺少工作机会，如同大学刚毕业时手握5个500强企业的录用通知时一样。大学那4年，我同样是乐此不疲地组织各种活动、拿各种奖项、进行各种社会实习，因此在面试时，一路上过关斩将，成为老师眼中的"面霸"。

平日里拼命努过的力，一定会化作你的底气，成就你势不可当的竞争力，幻化成你的影响力。

场景 2：创业时的两种个人品牌

创业时，我们一般会考虑两种品牌。一种是公司、产品的品牌；一种是你自己的个人品牌。通常来讲，这两个是相辅相成的。

例如：

- 想到坚果，会想到什么品牌？你可能会说"三只松鼠"，或者是"沃隆""恰恰"等。
- 想到格力品牌，你会想到什么？你可能会说：空调。
- 想到小米品牌，你会想到谁？你可能会说：雷军。
- 想到樊登，你会想到什么？你可能会说：樊登读书。

你看到了吗？产品、品牌、创始人，是连接在一起的。

身为企业的创始人，你要考虑的是为别人带来价值，是你能为别人提供什么价值的产品或服务。让别人从"想到你会想到什么"，到"想到什么会想到你"。

在这里，有一个极容易被误解的情形——如果是代理某家公司的产品，你该怎么办？

有一次，一位做面部抗衰产品的老朋友对我说，"我做不了个人品牌啊，产品和平台都是我代理的那家公司的。"我听了顿感心酸，她对个人品牌的误解太深了："个人品牌，可不是一定要你自己研发产品啊。"

如果你做出了自己的个人品牌，那即便同样是作为代理人，作为团队长，同样是销售这一款产品，你在别人心目中的价值就会更高，所以别人更信任你，你所推荐的产品别人更容易相信。

我对她说："你要让别人认可的是对面部抗衰有专业研究的你，是你这个人，而不仅仅是产品。世界上抗衰产品千千万，如果有一天产品停售了或者公司没了，你的职业生涯岂不是也要重新开始？你要让产品成为你的附属，而不要让你自己成为产品的附属。你是在做产品的发言人，你是产品的"嘴巴"，产品却没有成为实现你的价值的途径或工具。"

如果你在做个体创业、自由职业，请你注意发掘你个人对他人的价值，将你的实物型产品、服务型产品作为你实现价值的途径和方法。即便你喜欢做销售，也依然可以做一名有独特价值的销售员。这种价值会让你在销售这条路上走得更轻松长远。

场景 3：生活中、圈子中

在第 2 章第 3 节，我提到第一次举办 LADYDONG 全球视野女性论坛时，虽然当时我早已不在任何公司任职，但是依然有很多媒体界、品牌界的朋友对我大力支持。在那个时刻，我就明白，发挥作用的已经不再是"头衔光环"，而是"个人魅力"，也就是如今大家所称呼的"个人品牌"。

上周我在一次分享中，遇到一个提问：

"我这两年都在家带孩子，没有什么背书，也没有自己的课程体系，能有自己的个人品牌吗？"

此时，我反问了一个问题：

"你们觉得平日里大家说的'居委会大妈'，或者"刘婶儿"啊、"张婶儿"啊，有自己的个人品牌不？"

他们恍然大悟："有。小区里大家有什么事都会想到找他们帮忙解决。"

"对啊，再说一个，在你们的家族中，提到某个亲戚，你们会怎么看待他们？他们在你心目中的地位如何？这会不会影响到你和他们之间的关系？"

"会。"

"对，这也是个人品牌。"

我们自己就是我们人生的产品。

那么，想到你，会想到什么呢？

总结一下：品牌，是消费者对产品或服务的认知程度。品牌的本质，是你的产品或服务对消费者的价值和影响力。

个人品牌，是与你相关的群体对你的认知程度。个人品牌的本质，是你能为他人带来的价值和影响。

因此，打造个人品牌的核心，是塑造你的个人价值，扩大你的价值影响力。

那么，个人价值是什么？如何找到呢？这就是我们个人品牌的第二个真相。

第 2 节　真相 2：一呼百应的个人品牌 9 大体系

从今天起，我们一起为自己打造一套"赋能型个人品牌体系"。它的威力就像你银行存款的复利计息一样，为你带来"复利式生长"，让你真正实现舒适又自在的生活（财富、关系、尊重、价值实现、自洽、影响力……）。

其中，多数人最关心的就是财富增长这件事，这是我们生存和内心安稳的一个重要的经济保障。因此，在你花费大量时间和精力去"向外抓"赢得财富的同时，一定要同时学会管理好你的财富，让它学会自己长大。

请一定要明白一件事，我们自己也是能够产生现金流的资产之一。

个人品牌体系与财富增长有 3 个十分相似的地方。

- 长期投资；
- 复利式增长；
- 越早开始越好。

而且，时间越久，后期的积累越庞大。无论是在财富增长还是在个人品牌发展中，时间都是我们的朋友。

我们已经知道，打造个人品牌并不是单纯的讲课、直播、写书，而是有一套体系。经过研究，我发现要打造个人品牌，需要具备4大核心实力：粉丝运转力、个人价值影响力、变现实力、操盘运营实力。

那么，该如何提升这4大实力呢？

我们需要借助一系列的具体行动，我把它概括为9大体系，具体如图6-1所示。

4大核心实力	9大体系
粉丝运转力	鱼池体系
个人价值影响力	价值体系
	背书体系
	视觉体系
	发声体系
变现实力	产品体系
	变现体系
操盘运营实力	运营体系
	跨界体系

图6-1 个人品牌核心实力提升表

在正式为你揭秘个人品牌9大体系的行动指南之前，先来看3个底层核心，它们是一切的根本，请你一定要牢记。它们可以帮你避免陷入多数人时常遇到的困境：无休止的焦虑、迷茫、走弯路、心神透支、毫无结果、自我否定等。

核心 1：对于个人品牌，首要的关注点，是你。

一是，你的个人感受、你的个人愿望、你的个人需求，永远在第一位。也就是本书前半部分一直在强调的：**这辈子，你想怎么活？你想拥有怎样的后半生？** 一定要你自己做起来很舒服，很自在，才能无限激发你的内在源动力，你才能幸福。

二是，在产品选择越来越多、供大于求的时代，制胜的关键已经向"人"转移。

在一次沙龙活动中，有一个参会者为在场所有人都赠送了一张樊登读书的周卡，邀请大家在有需要时找她购买。然而，活动结束后，有一个粉丝来找我，直接问我说："佳韵老师，我想买一年的樊登读书会员，不过跟刚才那位朋友不熟，你这边有没有？有的话我从你这边买。"

为什么别人会冲着你来？这就是信任。尤其是对个体创业和自由职业者来说，信任和连接尤其重要。

核心 2：想实现复利式生长，要重点关注 3 个字——赋能型。

本书第 3 章第 1 节提到过赋能型的 3 层含义，分别是"你能够为他人赋能""这件事能为你赋能""被你赋能的人能够继续为更多人赋能"。唯有赋能型事业，能够更长久，如陈酿般越久越香。

核心 3：要执行以价值为核心的体系化打法。

在个人品牌界，也不乏个别"假 IP"现象。他们无法为用户提供与价格相匹配的价值服务，做得很艰难。相反，如果你能提供超值的产品和服务，偶尔再来点儿超出期待的惊喜，你的结果会大不一样。

除了价值的塑造外，还要注意用体系化的方式来打造你的个人品牌——切忌"散打"。看到别人做直播，你也做直播，看到别人开课，你也开课，看到别人做小红书，你也做小红书……一段时间后，你会突然陷入自我怀疑：为什么我的成果没有别人好？

个人品牌是全方位的立体式规划，藏着事业线、时间线、金钱线、感受线。

我们习惯性地把注意力放在事业线上，以为有了好的事业，就有了美好的人生。事实却并非如此。

- 你的事业能做多久？时间越久，你的路是越宽，还是越内卷？
- 除了事业带来的主动收入，你是否还有其他被动收入？你目前的规划是否能让你逐步走向财务自由？
- 你是否由衷地感到舒适、自在、愉悦？
- 你目前的生活状态、每日做的事情，是否符合你想要的生活品质？

人生终究是一场体验。事业上的成就，无法代替真实的幸福感。什么是成功？以自己希望的方式活着就是成功。事业大步向前，生活后方安稳，拥有金钱螺旋，和喜欢的一切在一起，就是美好的后半生，这才是真正的令你舒适又自在的个人品牌。

若你在打造自己的个人品牌时，感受到的是焦虑烦躁、自卑怯懦、心虚不安，请留神自检。方向定位、变现路径、财富规划、生活品质，都是其中的重中之重。

个人品牌的体系包含了 9 大体系，下面逐个来看看。

体系 1：粉丝体系（鱼池体系）

能被越来越多的人认可、喜欢、追随，你的个人品牌影响力就越大。这其中最令人头疼的问题之一，就是粉丝增长（我们暂且统一把客户、用户、消费者、潜在消费者等简称为粉丝）。

你一定听过很多涨粉的方法，为什么依然会为粉丝数量焦虑呢？

这背后有一个底层真相：

粉丝从哪里来？如何来？来了留得住吗？能留得长久吗？连接够强吗？你的收入增长了吗？你的影响力增加了吗？

我们用一个"鱼池"来比喻，你会比较好记。

为什么你天天张罗着买鱼，你家还是没有鱼呢？

那是因为你家没鱼塘啊！鱼儿来了没地方待。因此，你得有一个合适的容器，来留存你千辛万苦邀请来的鱼。换言之，你需要有一个服务方式或者产品形态来留住你的粉丝。最常见的有社群、会员体系、私域好友、线下沙龙等等。

如果你总是如此辛苦又破费地去买鱼，你的存款很快就会花完。如果能够有鱼儿自动游到你家鱼塘里来，岂不是妙哉？就像那句话，"你若盛开，蝴蝶自来"，因此你得盛开，你的香味得飘出来。换言之，你的个人价值和影响力被更多人看见，才能主动吸引到喜欢你的人。

无论通过哪种方法，在鱼儿来了之后，如果你不会养，最后都会养死。来一条死一条，来两条死一双，那这些鱼儿来了有什么用呢？因此，你得会养。换言之，你得懂得粉丝运营和操盘。

好不容易把鱼儿养大了，你却卖不出去，怎么办呢？因此，你还得能够变现，有你的变现路径和产品方案。是卖鲜鱼、鱼罐头或鱼干，还是开养鱼致富培训班？换言之，你不能只考虑养鱼的过程，不考虑结果（仅仅作为兴趣的除外），就像有的人新媒体粉丝几十万，变现却很困难；但有的人仅仅 5000 粉，就能变现十几万元。你会选择哪种方式呢？

如何高效增加精准粉丝呢？送给你 3 个思路。

1. 建立自己的鱼池

统计一下，你现在在各个媒体平台、你的微信私域、线下客户中，分别有多少粉丝呢？他们和你的关系如何？你们的交流频次如何？

你是否也会有这样的疑惑？

(1) 人数太少，没有粉丝，微信好友都是同事，怎么办？

(2) 老粉丝好久不互动了，如何激活？

(3) 粉丝人数太多了，照顾不过来，如何管理比较好？

这 3 个问题对应的就是常见的粉丝新增、老粉丝激活、粉丝维护的问题。新增粉丝的方法有下面这些。

- 通过在直播平台持续直播吸引公域流量，增加粉丝关注或现场变现。
- 通过发布短视频带动新粉丝的关注和增加。
- 通过公域流量转化为私域流量。
- 通过持续做线下活动，积累精准的高黏性粉丝。
- 通过公益分享、社群发售、直播发售等形式，带动新粉丝增加。

- 通过强交付和裂变方式，增加口碑传播，以老粉丝带动新粉丝。

……

老粉丝激活的方法有下面这些。

- 通过朋友圈发布强吸引力、高互动的内容。例如，美美的照片（你自己的美照、旅行照片、你家书桌的照片、你家的花草植物、你养的小动物等）、意见征集（包括印象访谈、求助信息等）、有奖竞猜、福利礼物（点赞第几位送书、送红包、送你的产品）等。
- 通过群发你的最新方向、最新喜讯等，一方面告知你的最新动态，一方面筛选出依然支持你的人，记得打上标签。
- 通过整理老旧社群，在老社群中更新最新动态，邀请入新群，重新开始一段社群生命周期。
- 邀请老粉丝添加你的常用新号。

粉丝管理的方法有下面这些。

- 为粉丝分类打标签。
- 建立社群。
- 若新增粉丝过多，可以邀请添加企业微信号（企业微信号可容纳的人数更多，但若你的个人微信号够用，建议优先选择个人微信号，因为人们还是普遍认为个人微信号的交流更真实，企业微信号的交流距离更远）。
- 聘请客服助理，分别管理你的粉丝，定期沟通。

2. 借用隔壁的鱼池

除了自己努力增加新的鱼苗，你也可以尝试借用隔壁的鱼池。

- 你可以和与你粉丝群体类似的朋友，在朋友圈互推。
- 你可以加入对应的圈层。
- 和他人进行渠道的合作。
- 以嘉宾身份在别的社群做分享，赢得新粉丝。
- 以学员身份在班级和社群中，多发言多互动，多做复盘输出，多参与社群的活动，多感谢，多发红包等。

这些都是特别实用的方法，在这所有的方法中，都有用到跨界思维，尤其是"给的能力"。

还有一点必须强调：无论是老粉丝激活，还是粉丝新增，请切记一件事——当这些动作有了效果之后，请务必"继续下一步"——否则这些动作最后都将化为无用功。

所谓继续下一步，也就是当你做出了激活老粉丝的动作后，例如在朋友圈发布了有趣的信息，获得了许久不联系的老朋友的点赞，你要做什么呢？什么都不管吗？这不叫激活，因为你们依然没有真正连接上，点赞仅仅是"朕已阅"，或者"这个有点意思"的顺手表达。甚至有时候，点赞后都不记得发布这条信息的主人是谁，满眼看到的只是内容而已。

这个时候，要怎么做才是激活了连接呢？你可以试着去和他私信交流："久久，我们真的是好久不见了啊，你最近好吗？刚才看你朋友圈，你现在……"没错，去他的朋友圈转转，看看他的近况，然后和他交流一番。

只有这样，你们的八百年不联系的关系，才算是真正地激活了。

点赞之交，并非真正的结交。一定不要让网络把你和他们的关系断开。

3. 寻找"鱼王"

所谓"鱼王"，就是意见领袖、行业大 V，一旦他们愿意支持你，那么他们的粉丝也会基于对他们的信任向你靠拢。

因此，你可以寻找一些具有一定影响力，且粉丝画像与你的粉丝群体相同的榜样，邀请他们为你发声。

如果你想增长粉丝，就用这 3 招，可以交替着用，你的粉丝每天都会增长。

第二个大问题是：**如何让粉丝来了之后留下呢？**

一定要有容器，就像有人来找你了，你总得让人家进家门坐坐、热情地招待一下不是？不然，别人路过你家门口时只会转身又走了。

你可以试着尝试以下形式的容器：社群、直播、短视频、公众号、个人微信或企业微信、课程、咨询、实物产品、线下活动、门店等。你可以根据你的喜好、时间、精力、你的产品来选择适合你的一种或几种。

第三个大问题是：**如何让粉丝不想走呢？**

要学会"三心二力"。"三心"是说你要能够为粉丝提供出乎意料的惊喜[1]，做到超值交付、用心以待。"二力"是说你要拥有给的能力，而且要具备感染力。做到了这些，粉丝自然想天天和你在一起。

---

[1] 具体可以参考《跨界力》一书中提到的品牌创意和实操方法。

体系 2：价值体系

有的人非常苦恼为什么自己的产品卖不出去，为什么自己精心准备的课程没有人报名？其实，核心就是下面两个问题。

- 你有没有为他人带来价值？
- 你提供的价值对他人是否有价值？

来，请告诉我：你现在知不知道自己的核心价值是什么？
我们来测试一下，请问你是否有过这些想法中的一个或几个？

- 你会不会觉得你好像什么都不会？没啥可拿得出手的？
- 你会不会觉得你会的这个东西，别人或许不需要？
- 你会不会觉得你的价值，对别人不值一提？
- 你有没有想过"怎么会有人愿意听我说呢"？

请在心里悄悄告诉我，你中了几条？
在心理学中，这叫作不配得感。你不觉得你的东西是好的，你不觉得你本身是好的、你是值得的。你简直是"盲目的自卑"啊！
突然想起"吐槽大会"上的杨笠有一句被疯传的话："为什么有些男人明明那么普通，却可以那么自信？"现在，令我又心疼又着急的是："你明明那么优秀，为什么却这么不自信？"

- 一个英语专业八级的人，说自己没什么优势。
- 一个做早餐超级好看又好吃的人，说自己只是个宝妈，什么也不会。

- 一个家里藏书几千册的人，说自己不行。
- 一个某省广播电台主持人，说不知道自己能干什么。

……

这些都是我遇见的真实故事，此刻，我想问一句："你觉得气不气人？"

我每次听到这些，都是倒吸一口气，心里五味杂陈。就像你眼瞅着白雪公主蜷缩在阴暗的房间一角对你说："哦不，我只是一个灰姑娘。"就是这种感觉。

可他们是真的没看到自己的优势，不知道自己有多优秀。他们也许只是需要一位仙女、一辆南瓜车和一双水晶鞋。

个人价值究竟是什么？怎么找到你的个人价值？

个人价值其实就是：你能为别人做的贡献是什么。你可以从下面 3 个维度来寻找自己的价值：

(1) 你会但别人不会的。

(2) 别人会，但做得没你好的，或者别人即使知道也学不会的，就像《海底捞你学不会》这本书的书名。

(3) 别人和你做得都很好，但你做得很特别（你有你的差异化）。

按照这个路径去找吧，你一定会发现你的价值所在。如果还找不到，我再给你 3 个快捷方法，如果快捷方法还搞不定，我再送你 1 个心理学的方法，如果你还搞不定，就来和我约聊吧，一定能帮你找到（图 6-2）。

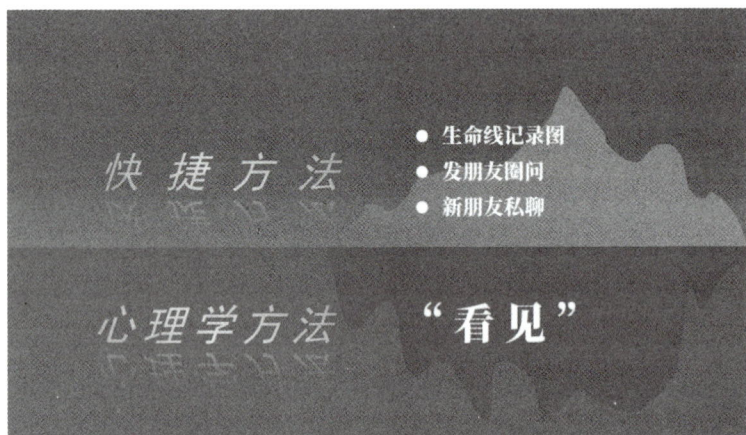

图 6-2　快捷方法和心理学方法

请答应我一件事：千万别再说你自己什么也不会了，只要存在一天，你就是有价值的。

而且，你的价值并不仅仅是在事业这一个维度。你可以想想看，在工作中，你的价值是什么？细分一下，在领导面前、在同事面前、在客户面前、在经销商面前……你的价值分别是什么呢？在家庭中，对孩子的价值、对另一半的价值、对长辈的价值……分别是什么？在社交关系中，你的价值是什么？对自己的人生而言，你的价值是什么？

事实上，对所有与你有关系的人和事物，你都在产生着无形的影响力，因此，想想看，在不同的维度中，你究竟发挥了什么价值？

然后，用你最核心的价值，形成一套知识体系，凝练成你的核心价值观，让更多人受益。这样的价值体系，就是你的"秘密"，也是你的核心竞争力之一。

体系 3：背书体系

你的价值体系如何被信服呢？

你要有意识地积累自己的背书体系：

- 出书：正规出版的各种纸质书、电子书等。
- 作品：个人原创的电子书、精心整理的手记和资料、具有某种特色的实物作品等。
- 证书：各种专业级别的证书，如国家二级心理咨询师、家庭教育指导师等。
- 荣誉证书和奖项：政府、媒体、机构等单位颁发的荣誉证书、奖状等。
- 聘书：高校或某机构的聘书。
- 个人成就：具有代表性的人生经历、学历、海内外的优秀工作经历、做出的成就和数据等。
- 成功案例：帮助他人取得成果的案例、他人对你的真实评价等。
- 课程：自己拥有版权的课程。
- 研究成果：专利或研究的公式、模型、理论体系等。

特别提醒

(1) 一定多留存照片、资料、截图等信息。如果你去领奖，记得请身边人或者主办单位帮你拍照；如果和某位大咖同台，记得留下记录；如果你独创了某个知识体系，记得提前去申请版权；如果你受邀到知名平台做分享，记得留下视频和照片资料……

然后，把能代表你的能力的资质以照片、视频等形式整合起来，放在你的个人品牌故事、自我介绍中，同时，在你的"发声体系"中适时展示出来，你的个人实力就会被更多人看见。

(2) 千万不要觉得这是自我炫耀，千万别藏着掖着。在你真正成为大咖之前，必要的展示才是赢得信任的第一关，现在这个社会，酒香也怕巷子深，因为酒太多了，巷子也太多了，巷子还太深了。

(3) 千万别觉得自己做不到，你可以为自己制定一个目标，并且广而告之，这样能帮你的人就会来到你身边。

你可以告诉自己：1年内我要出版一本书。然后，开始寻找相关的资源和指导。你也可以静下心用1个月的时间开发一套课程体系。你还可以给自己树立一个拿到某些证书、聘书的目标。只要有了念头，你的潜意识就会开始运转，再加上你的"目标声明"，你的贵人就会来到你身边。

千万不要觉得"梦想"很遥远，更不要觉得"梦想"是小孩子才去追随的东西。事实上，无论多大年龄，梦想都值得被我们真诚以待。

什么是梦想？梦想就是现实化了妆的模样。只要它卸了妆，就如同揭开了神秘面纱，你就会看到它成为现实的样子。而这个卸妆的过程，揭开神秘面纱的过程，就是你将梦想变为目标，再一步步找到路径的过程。你会发现，原来，梦想并非遥不可及。

- 你可以出版一本自己的书。
- 你可以站在千人讲台的聚光灯下分享。
- 你可以成为教授。
- 你可以开发自己的课程。

- 你可以年入 7 位数。
- 你可以旅行办公。
- 你可以……

我就是这样，在我最低谷的那 5 年，凭借一个个的心愿，一步步地实现了背书体系中列举的背书。既然我可以，你也一定可以，而且，你要相信你会做得比我更好、更轻松，因为我就在你身边，很乐意成为你的心愿摆渡人。

体系 4：视觉体系

如此优秀的你，如何被别人看见呢？这就要看你的视觉体系的功劳了——你要让别人看见一个怎样的你？

这其中包括：

(1) 见到你真人时的直观了解。例如，你的形象气质、穿衣搭配、妆容、姿势体态、一颦一笑、特别的记忆点（例如你的发型、服饰、小配件、卡通形象）等。

(2) 见不到你本人时的间接了解。例如，你的媒体采访画面、网络传播的照片、朋友圈 8 件套（朋友圈头图、头像、名字、签名、微信聊天界面底图、色调、风格、价值定位）、朋友圈文案和图片、品牌色、形象照、产品的海报宣传素材、课件模板、直播背景画面、短视频风格、小红书封面、线下工作室的装修风格等。

总而言之，所有别人可以直接看到你、间接看到你的地方，都可以包含在你的视觉体系中。这是营造良好的第一印象的窗户。

因此，如果你已经准备开始打造你的个人品牌了，请一定去升级一下你的视觉系统。就从拍一张形象照开始吧。

稍等！这里有一个关键点！

请确保一件事：你所做的视觉系统，是为你加分的。

"难不成还有减分的吗？"

当然，而且相当多。

曾经有一个朋友，她的个人定位是形象设计师，客户画像是高知人群。一开始，她的头像是黑色蕾丝裙，波浪卷长发一侧别着一朵大红色花朵，动作妩媚，一看就是艺术照。后来我建议她换一张形象照，一个月后，看到她的头像换成了一身清爽利落的淡蓝色时尚西装，妆容清淡，动作自然，一眼看去就是一个时尚女性。听她说，现在的客户转化率好多了。

你的形象照不仅仅是要好看，更要让别人一眼就知道，这就是你。再好看的照片，如果无法代表你，如果和你的个人品牌的方向不搭，就无法为你的个人品牌加分。

有一个朋友的头像让我印象深刻，照片中，她和一个小孩子并排席地而坐，两人正在一起看绘本。画面背景干净，光线、照片色调给人温暖、幸福、宁静的感觉。看到头像后，我就问她："你是在做绘本阅读吗？"她说："是的。"

你看，这就是一张照片的作用，一眼就让别人知道了你的价值所在。

那么，如何与摄影师沟通，才能拍出令人一眼万年的个人品牌形象照呢？

去拍形象照前两天，提前与摄影师、化妆师建群沟通（切记是要与即将直接服务你的人员沟通，而非接待人员）。

1. 自我介绍：确定拍摄风格

(1) 向摄影师介绍清楚你的工作内容和个人风格。当时我对摄影师说，我主要工作是写书、做咨询、讲课，所以我的照片风格，要尽可能地显示出内涵、气质、亲和力，让人看到心里就暖暖的，很舒服，很想靠近。

(2) 提前告诉摄影师你在拍照时的缺点。例如，你哪个角度不好看，或者你不会摆动作、拍照不自然等等。

当时我对摄影师说，帮我拍照有两个挑战：一是我上镜容易显年龄小，而我想要成熟稳重又不失灵气；二是我的表情需要情景式引导和抓拍，请他费心多和我互动。

你会不会怕难为摄影师？千万别怕，优秀的摄影师比你想象的强大，他们总有方案实现你的期待，如果不能，那就换一家！拍照别将就。

(3) 提前查找一些喜欢的拍照姿势、拍照风格，存在手机里，发给摄影师看。

2. 表明照片用途：确定拍摄方案

(1) 告诉摄影师你的照片会用在什么地方。是做家用摆台、大型会议宣传展架，还是线上海报？这牵扯到照片原片的像素大小。

(2) 告诉摄影师你希望这些照片发挥怎样的作用，让人看到什么内涵和故事。

我对摄影师说：我要拍 3 种不同风格的，其中 1 套希望能拍出有光感的照片，给人一种希望感、温暖的感觉，主要用在我做的"发光计划"中；第 2 套希望给人一种干净、知性的感觉，让人看了心里敞亮、愿意靠近我说心里话，部分照片要有书的元素，主要用作咨询、课程、抠图式海报。剩下的 1 套让他自由发挥。

(3) 告诉摄影师你计划需要几张全身的，几张半身的，分别是正面还是侧面的。

一般来说，摄影师会根据你的用途决定拍摄半身照还是全身照，但是从全身照截图出来的头像，和专门拍的头像，还是有所区别的。如果你要用作你的头像，请清楚地告诉摄影师，让他专门为你拍摄一张用作头像。

(4) 告诉摄影师你常用的品牌色是怎样的，选择什么颜色的光、什么颜色和面料的衣服和你的品牌色更搭。

我当时用了相对百搭的白色系，而且我个人非常喜欢干净的白色。于是，两种风格的照片，服装都采用了白色，光源都用的暖色系。

3. 商讨服装、配饰

(1) 发一些自己的服装照片给摄影师，让他帮你选择，这样可以避免你带一大堆衣服到拍摄现场，却又派不上用场。

(2) 提前询问影楼那边有什么风格的衣服。

(3) 女士提前带上自己常戴的手表、项链、耳饰、发卡、帽子等配饰，男士提前带上自己的手表、领带等。男士的配饰相对简单，女士尤其要注意多带几套项链、耳饰，影楼里虽然准备的有，但是未必都适合你。

(4) 带上内衣、吊带、抹胸、不同风格的鞋子等，男士多带颜色深浅不同的袜子。

4. 确定妆容、发型

(1) 和你的造型师确定是否需要带卷发棒、直发棒等用具，一般影楼是有的，保险起见确认一下更好。

(2) 和你的造型师确定是否要带自己的化妆品，建议带上自己的底妆用品、常用的口红等。其他化妆品，影楼一般是有的。

(3) 和化妆师确定妆面风格。通常来说，由于上镜比较"吃妆"，所以拍摄时化妆会比日常浓厚一些。但对于个人形象照来说，拍摄出来的照片要自然真实，因此妆面以干净为主，要看得出是本人，不能太不像自己了。

(4) 如果你的头发比较贴头皮，记得提醒造型师帮你垫高发根；如果你的刘海儿过长，影响造型，可以告诉造型师，该剪则剪。

(5) 通常来说，造型师会在你每次换装后，微调妆容、发型、配饰。当时我的造型师为我的头发做了一缕"飞丝"，瞬间灵动起来了。当我换装为书香气的着装时，她就把我发尾的卷曲度降低，看起来立刻沉稳了许多。

5. 选片和修图

(1) 选片时可以带上自己的闺蜜。因为选片的时候最容易选花眼，哪个都舍不得。

(2) 修图前，请修图师先修一张，看看是否有不合适的地方，确定修图程度及细节后，修剩下的所有图。

体系 5：发声体系

你的价值一定要通过某种途径被更多人知道，这就是你的发声体系。

通常来说，发声体系是组合式的，不同的发声通道承担着不同的作用。

发声体系可以是直播、短视频、长视频、小红书、录播课程、训练营、讲座、论坛、社群、朋友圈、公众号、简书、知乎、头条号、作客嘉宾直播间等等。

如果你决定要深耕某个通道，就要提前了解这个平台的政策，评估你要做的具体事项和收获。例如，同样是做直播，抖音、视频号、小红书、快手、微博……它们各自的性质、人群、政策、运作方式有很大区别；同样是图文表达，公众号、朋友圈、小红书、微博、知乎、简书……它们各自的性质、人群、政策、运作方式也有很大区别。

持续深耕发声体系，可以让你的用户知道在哪里可以找得到你。要选择你喜欢的方式，只有这样，你在表达的时候才会是喜悦的，你不由自主流露出的热情才会更感染人。

时常有人问我：我不擅长表达，怎么办？

我的回答是：你平常和人聊天时感觉怎么样？

只要你能说话，你就会表达。你所谓的不擅长，大概率指的是你认为你达不到你以为的某种标准。且不说你以为的某种标准是否正确、是否适合你，仅仅表达这件事，通过学习和练习，是完全能够提升的。更何况，优秀的表达的核心根本并不在于技巧，而在于感染人的真情实感。在此基础上，学习一些演讲分享的技巧、故事思维等，就可以让你一张口就充满吸引力。

但是，有的人喜欢把话闷心里，有的人不敢秀自己，有的人怕被笑话……这些看似是不擅长表达的原因，事实上，这些只是心理因素，这些感觉背后藏着一个故事。一旦破解了这些密码，疗愈了曾经的伤痛，你就能够更自如地表达自己。

如何设计自己的发声体系呢？

(1) 选择你喜欢的发声形式。

(2) 了解通道的特色和优势。

(3) 设计发声体系，包括选择在不同形式的渠道中发布什么样的内容，发布频次如何，这些内容的价值是什么，目的是什么。

(4) 关联产品和变现。在合适的时期、合适的通道上，关联上自己的产品，加入变现的元素。

例如，有一位做家庭教育的老师的发声体系是下面这样的。

- 视频号直播：早晨直播 1 小时，纯公益无产品植入，目的是增加别人对自己的了解，增强信任感和连接。同时，每 3 个月做一次直播大事件，重点是招收学员，实现变现。
- 公众号：作为发布重要信息的平台。
- 朋友圈和社群：是她重点经营的地方，通过信息的更新，加强粉丝对自己的了解，建立强信任感和深度交流。
- 课程：公益课程主要是为了让更多人认知自己；收费课程主要是为了变现。
- 线下沙龙：主要是为了和家长深度交流，增加信任，增强连接。

除了形式之外，在发声的内容上，也要有所设计。例如，你要有至少一篇自己的个人品牌故事文章，让人第一时间走进你的生命，了解你；你要有你的个人故事短视频，让你的人生故事可视化；你需要有你的个人标签、简单版本的自我介绍、能代表你的音乐等。

你会发现，在发声体系中，每种形式的选择都对应着相应的内容方式，且都有它的价值作用，概括来说，有的是为了宣传自己、增加影响力，有的是为了提升连接度，或者为了变现。

你并不是一定要选很多种形式，而是要结合你的喜好、时间精力、平台优势特色来综合选择。

体系 6：产品体系

近日接到一个咨询，问题是"我做完了现在的这个情绪疗愈训练营之后，还能做什么产品呢？"

这位老师的困扰就在于，她目前只有一个产品，缺少产品体系，服务内容单一，变现途径也单一，导致粉丝好不容易来了，却无法长期留存。

那么该如何设计自己的产品体系呢？

在你阅读下面提供给你的参考方式之前，请务必先了解两件事。

(1) 你的产品体系要与自己对未来的规划相匹配，提前想想这样的模式所带来的工作事项、人际关系，以及它的挑战难度、所需的时间精力和成本、对身体健康的影响等，是否是自己所希望的，是否能为自己带来心流时刻。切不可盲目地听取所谓的"专业"意见，或照搬他人的模式。一切以你自己接受起来舒服自在为准，切忌让自己陷入比较和焦虑中。

(2) 在个人品牌体系中，产品体系通常要与前面讲的容器相结合来设计。

在表现形式上，产品通常分为实物产品和虚拟产品。实物产品比较好理解，是能看得见摸得着的实物，就像书本、纸巾、尿不湿；虚拟产品则是非实物的产品，例如课程、咨询、会员、卡券等。你要根据你的个人发展定位，以及价值的呈现方式来设计你的产品。

通常来讲，个人品牌的产品体系包含以下阶梯，分别承担着不同的价值和作用。

1. 引流品

引流品就像超市的特价鸡蛋一样，能够引来大量的客流。引流品也有另一个功能，就像试吃一样，只有尝过了才会知道是否喜欢，所以只要口味足够好，试吃能大大提高购买率。

在知识付费产品中，引流品的方式通常有公开直播、免费课、公益社群（粉丝干货群）、低价课程、随喜咨询、线下讲座等。

设置引流品的主要目的是和粉丝互相认识。也就是降低参与门槛，增加粉丝数量，扩大产品的知晓率，从而锁定粉丝，增加变现可能。

在这里，有一个误区，那就是：引流品＝无价值品。其实不然。这就像是，你会选择拿一个不好吃的东西去做试吃，还是拿一个好吃的去做试吃呢？

听起来答案很明显，肯定是拿好吃的，这样才会留住顾客。可是在知识付费领域，却有许多人拿"不好吃"的知识内容来做"试吃"。

多年前，一位朋友邀请我去参加一位老师的课程，本意是希望我能推荐给我的粉丝朋友。临近中午下课前的学员答疑的环节，老师让学员提问。于是我提了一个问题，没承想，老师和助教的解答是："这是我们高阶班才会讲的内容，你得报名高阶班才能解答。"下午，我和朋友又听了一会儿。第二日的课程我没有再去，更没有推荐过这门课。

讲师有两种，一种是教育型讲师，以传播知识、助人成长为己任；一种是营销型讲师，以营利为目的。我个人更喜欢前者。

引流品，也应当具备应有的价值，如果引流品令人失望，那么丢失掉的便不仅仅是"试吃"的这一批顾客。

2. 信任品

信任品是你被打开了味蕾后想要尝试一下的产品。信任品的价格通常是大部分人能接受的，内容上是大众所需求的，门槛不会很高。它主要是起到一个让顾客验货的效果，并为自己带来现金流。

通常来讲，信任品是要持续打造的爆品，例如一期期开设的训练营类产品，就是信任品，价格不高，口碑好。

信任品的主要目的就是增加信任、增加现金流，触发用户的付费行为，让用户形成付费习惯。

信任品的利润在整个产品体系中未必是最高的，但要想建立信任，就一定要用心交付。

3. 连接品

连接品主要是为了加强连接的深度和频次而打造的产品，例如年度会员、读书会会员等。通过线上社群、线下聚会的形式，增加和粉丝之间的情感。

价格上一般有免费的，也有付费的，但连接品的价格在整个产品体系中不会太高，因为其主要目的是留住客户、渗透用户心智、占领用户时间、获得用户依赖。

值得注意的一点是：如果你要做时间线较长的产品，请务必提前预估到你所需投入的各项成本。我曾有学员做朋友圈美学的年度会员，仅收取 49 元 / 年的费用，承诺时常分享朋友圈美学的专业知识和技能，分享模板，解答学员的实操困扰。结果，没做多久就已经苦不堪言。因为他只收了不到 100 个学员，一年下来回报不到 4900 元，却要花费 365 天的时间来服务。

因此，在设计此类产品时，一定要注意下面两件事。

(1) 要预估销量。在定价较低的情况下，是否能以量取胜，增加总营收？

(2) 要考虑所承诺的服务细则需要花费多大的成本？自己是否能完成？学员又会坚持多久？是否有其他替代措施，将单位成本降低？例如在樊登读书会，樊登老师会讲书，但讲书的边际成本很低，只需要录制一次即可，听书的人数则可以上不封顶。

4. 核心品

核心品通常来讲是自己的标杆产品，代表着你的核心价值。这个产品是你的立身之本，也能够成为真正持续带来利润的产品。这个产品的价格通常不会太低，例如，核心课程、定制化的咨询服务、年度私教等。

请一定要注意：越是高价格的产品，越要做到高价值的交付。因为花费高价购买产品，消费者心里本就会充满期待和担忧。此时的情绪风险是很高的，一旦产品达不到用户的期待，用户就很有可能"粉"转"黑"。

5. 高端品

高端品在整个产品体系中最高端，其价值、服务、资源、独特性在整个产品体系中都是最强的，当然，价格也是最高的。

高端品，足以让他人知道你的实力。有些人在设计高端品时，主要是借助"锚定"心理，展示自己的实力，从而反向增强用户对自己的其他产品的印象，用高定价衬托其他产品的性价比，用高端品质为其他产品镀金。

究竟先要做出哪一款产品呢？

你一定要先设计好你的核心品，而后再考虑是从引流品还是连接品开始启动。

我并不建议你一上来就做个 9.9 元的引流课，或者做个年度社群这样的连接品，若你没有后端产品作为承接，你引流来的客户便无处安放，会白白辜负了这些朋友的期待；同样，若只做连接品，你又很有可能会把自己陷入过度的付出。

但是，在实际咨询中，每个人的情况不同，具体的产品体系的设计方案也会不同，这5种产品类型，未必全部都要包含在内，要考虑到自己所处的发展阶段、你的时间精力、资源条件等。但有两点是必须注意的。

(1) 倘若你的产品体系中是多种类型的组合，请务必提前设计好它们的顺序及各自的目标。

(2) 无论是哪种产品，都需要做到两个字：超值——这是别人拿不走的、专属于你的秘密。

体系 7：变现体系

提到变现，你脑海中闪过的第一个问题是什么？

在咨询中我发现，很多人会想"那我该卖什么产品，提供什么服务呢？"尤其是知识圈里的朋友，第一反应就是，我要不要做一个年度会员社群？要不要开发一个课程？要不要做一个私教产品？我要怎么定价？能卖多少量？

你有没有发现，他们潜意识中是把变现体系等同于产品体系了。

这是一个极大的误区。

事实上，变现体系，可以简单概括为"外抓内理"。

- "外抓"指的是需要你努力获得的收入，包括通过你的产品体系获得的收入，也包括产品体系以外的收入，例如广告收入、合作分佣、受邀出场费、版税收入、股权收益、临时项目带来的收入等。

- "内理"指的是通过管理你已拥有的资产获得的收入，例如房租收入、投资收入、理财收入等。

然而，你有没有想过一个问题：为何你比别人专业，收入却不如别人？

这里面有两个影响因素：金钱卡点和关注点。

1. 金钱卡点

有的人是不好意思谈钱的，或者对金钱是潜意识地排斥的。

多年前的我连收个感谢的红包都会不好意思，就连群里的抢红包我也会故意等上几秒再抢。

- 如果收的话，岂不是显得我多俗气、多廉价？
- 如果收的话，是不是显得我不仗义、不大气？
- 如果收的话，是不是显得我太爱钱了？
- 如果收的话，会不会让他对我有别的看法？
- 如果收的话，会不会破坏我们之间纯洁的友情？
- 如果收的话，我是不是就不高尚了？
- 如果收的话，我该怎么回馈对方呢？
- 如果收的话，我是不是就欠对方什么了？
······

你有没有过类似的念头？为什么会有这些念头呢？钱对你而言，多少是足够的？钱对你而言，意味着什么？它是什么？

金钱卡点的背后可能是这样几个因素。

(1) 配得感

所谓配得感，就是一种你值得拥有某种东西的主观感受。当一个人觉得自己不配得到某些东西的时候，就会本能地逃避别人给他的东西和上天给他的机遇。

配得感低的人，自我价值感是很低的。他们会给自己一些过低的评价，不敢承认自己的价值，认为自己不值钱，不值得享受好东西，不值得拥有好机会。

你看，同样是提供年度会员服务，有的人定价980元/年，有的人却只敢收49元/年。这足足相差了20倍。所以，如果一个人自己内心觉得自己不值钱，那他就会表现得不值钱，紧接着机会就会远离他。

(2) 情结

有的人是有一些情结的，例如"助人情结""好人情结""侠客情结"。在心理学中有一种助人型人格，喜欢无条件付出，在意他人的需求，慷慨大方，喜欢通过帮助他人来实现自我价值，在意关系，通过付出来维护关系，渴望建立稳定的感情。

有的人总是害怕亏欠对方，因此总希望多做一些，哪怕让对方欠着自己，也不愿亏欠对方。还有的人，习惯性喜欢占据心理上的高位。

(3) 不自信

金钱是个人价值的一种显化表现。在咨询中，常遇见两种不自信：一种是对自己某个领域技能的不自信，觉得自己的东西拿不出手，或者担心不足够好；一种是对自己人生的不自信，一边羡慕优秀的人，一边蜷缩在一角说"我不行"。

该怎么办呢？对技能的不自信，比较好解决，就是行动。不管是学习还是实践，只要你拿到一些成果，信心就建立起来了，所以，阶段性地去做一些里程碑事件很有必要。然而，若明明很优秀的一个人，却一直觉得自己不够好，建议探索一下原生家庭或者在成长经历中自己发生过什么，是否无意间种下了什么种子。然后去调整自我认知，重新去收集一些评价，更新自己的评价系统，让过低的评价恢复到真实水平。

(4) 原生家庭

一个人的过往经历，是会在头脑中留下对事物的看法的。有的人，觉得金钱是快乐的、有意义的；有的人觉得金钱是脏的，有钱就会变坏，挣钱是辛苦且艰难的；有的人甚至认为一旦钱多了就会导致家庭的分裂；有的人从小就觉得有钱要放着，不能花给自己，好东西要买给别人，水果要挑烂的吃，后来新鲜的好水果也放烂了，自己就一直吃的是烂水果，那么干吗要辛苦挣钱？

有了这些念头，挣钱就会受阻。即便头脑中清晰地知道挣钱越多越好，内心也会讨厌金钱，不希望金钱来到自己身边，更不希望因为金钱而失去幸福。

2. 关注点

很多人只关注向外抓，每天都在忙碌地挣钱，却忘记了让金钱自动流回来。他们对"未获得"的东西的关注，多过对"已获得"的东西的关注。

怎么才能让自己的金钱越来越多，且自己还能越来越轻松呢？

(1) 多管道收入，让挣钱变轻松

从今天起，请你开始重新梳理你的产品体系外的收入，试着增加你的"顺道收入""跨界收入"和"被动收入"，建立多管道收入模式，让挣钱变得轻松起来。

"顺道收入"就是你顺手就能做的事情，与你的主要产品或服务是相关的，例如，你被邀请去做一场分享所获得的出场费，你直播时顺带挂购书链接所获得的佣金等。

"跨界收入"就是你主业之外的收入，例如，一位广告公司的人，主业是为企业策划活动，同时也代销白酒和茶，节庆日还销售月饼、螃蟹等福利礼品。

"被动收入"就是你不需要花费多少时间和精力，就可以自动获得的收入。例如，写一本书的版税收入、投资理财收入、房租收入等。

(2) 金钱螺旋，让花出去的钱自动流回来

你觉得钱是越花越少，还是越花越多呢？

你肯定觉得是前者对不对？可是，如果钱花对了地方，真的可以越花越多。这就是金钱螺旋。

把金钱花在你的兴趣上，当把金钱和时间投入到你喜欢做的事情上，你就会收获到这个领域的知识、技能，提升你的专业能力。你的价值被认可后，自然会带来更多的机会和收入。此时，你再拿出一部分金钱继续投入到你的兴趣中，新的一轮循环就又开始了。

这就是金钱螺旋："金钱——兴趣——工作——金钱"。

想想看，你平时都把钱花在了什么地方？带来了哪些感受？持续了多久？

基本上，我们会以下面3种方式处理我们的金钱：消费掉、存起来（这里指的是无目的的储蓄，活期存款的利率非常低，忽略不计）、投资。

(3) 养一只会下蛋的"鹅"，管好你的"溜达鸡"

前面说到了投资，其实，除了投资在兴趣（学习）中，还有许多

方法能直接让你的钱生钱。有的人一心想着辛苦地挣钱，而不肯花精力来管理自己的钱。殊不知，如果你管好了，你的钱就能做到自己"钱生钱"。

假设你一个月买菜做饭的开销是 1000 元，一年需要 1.2 万元，按照现在多数较稳定的理财产品 3%~4% 的年化收益率来计算，你只要有 30 万~40 万元的存款就可以靠理财收益解决吃饭这件事了。如果你每月开销 3000 元，一年需要 3.6 万元，那么你只需要有 90 万~120 万元的存款就可以靠理财收益吃饭了。

这些就是你的被动收入，即便遇到突发情况，失去了工作，主动收入降为零，被动收入也依然在自己生长，你不至于担心自己的日常生活，心里才会有安全感。因此，你要养大一只会下蛋的鹅，捡鹅蛋吃，而不要杀死这只鹅。

然而，这样的话我们可能会遇到下面 3 种情况。

一是，只有一只鹅，蛋不够吃，且一旦鹅生病，今天就没有蛋了。有的人目前的收入来源是人力资产，也就是你干活就有收入，不干活就没收入。一旦被辞退或者受到环境影响无法营业，哪怕就是生病请假，收入也会断掉。该怎么办呢？开启多管道收入，多养几只鹅，且提高鹅的身体素质，少生病。

二是，鹅下的蛋越来越小，越来越不够吃。这些年银行的利率不断下降，因此，你要关注如何能够锁定利率。在你的整体存款中，配置一定比例的资金做长线投资，这样的好处是，一旦锁定利息，即便日后银行利率持续下降，你的这部分投资金额的利率也不变。换言之，别人的鹅下的蛋已经像鹌鹑蛋一样大小了，你的鹅蛋还是和如今一样大。

三是，我们养的不是一只会下单的鹅，而是一群"溜达鸡"。

什么是"溜达鸡"？就是你的鸡没有被你圈到鸡窝里下蛋，而是天天到处溜达，漫山遍野地跑，蛋没有下到鸡窝里，而是下得漫山遍野的，被别人捡走了。这就像你的金钱散落的到处都是：一大堆的储蓄卡、信用卡、支付宝、微信钱包、其他平台的账户等，林林总总加起来十几个地方。你得把你的资产统一管理起来，尤其是那些零散的平台账户，例如你在视频号的直播收入、在荔枝微课等课程平台的学费收入、分销某个产品所得到的分佣等等。通常来说，这些收入都需要自己手动提取，才会到你的银行卡中，千万不要忘记提取。

现在，我们要做的是，把漫山遍野溜达的鸡赶回来，让它们把蛋下在自家院子里，或者继续孵出小鸡，然后养大了继续下蛋。

尽量减少在活期或者无息账户中保留大量的资金，你可以配置一部分日常使用的灵活资金，放在支付宝的余额宝、微信的零钱通中，也可以购买银行的灵活取用的理财产品，只要可以满足随时消费支付即可。

剩下的钱，一部分用来长期投资，一部分做中短期投资（具体的比例你要根据自己的实际情况以及风险偏好来定，以你心里踏实和个人喜好为主），这样你就可以实现靠利息养活自己了。当你无须再为了明天而牺牲今天，当你的被动收入大于日常开支时，你就实现了财务自由。

体系 8：运营体系

只懂专业是远远不够的，只有同时懂得一些运营，你才能真正地具有安全感，才能真正地成为一名遇到任何突发状况都能"兜底儿"的人。

你至少需要掌握下面这些能力中的一种或几种。

- 社群运营能力。做好社群运营，能够增加粉丝、提高粉丝黏性、增强信任度等。
- 私域运营及成交变现能力。私域流量的运营、私聊、朋友圈发布等，可以带来成交变现。
- 项目操盘能力，包含体系化管理能力、发售能力等。
- 文案撰写和朋友圈美学能力，包含撰写公众号文案、朋友圈文案、产品文案等，以及通过朋友圈美学设计提升朋友圈的质感，进而提升第一印象和粉丝感知。
- 分享表达的能力，例如直播、公开演讲、讲课、社群分享等能力。
- 视频拍摄和制作能力，例如通过短视频、长视频的发布，产出内容，展示自我，获得流量和影响力。
- 线下沙龙和论坛的组织能力。线下活动可以增加面对面的连接感，增强信任。
- PPT 和海报制作能力，例如简洁有质感的课程 PPT 制作和海报制作的能力，可以增加可视化展示。
- 课程体系开发能力，例如知识产品的研发能力，可以通过体系化输出传递价值。
- 跨界整合能力。通过跨界资源的整合和创新，可以事半功倍地提升影响力。
- 时间管理能力。通过管理时间，可以提升效能，实现平衡的状态。

千万不要被吓到，不同的个人品牌定位，需要的具体能力有所不同，你选择你最迫切需要的几种能力来提升即可。但无论如何，都一定要懂得一些运营方法，这样，在面临团队突然掉队的时候，至少还有你可以作为最后的防线。要知道，面对一个项目，任何人都可以逃避，唯有创始人需要兜底儿到最后。

我有一次做生日直播大事件时，团队中负责海报的同事回老家了，电脑又坏了，导致所有海报无法制作，而原本负责辅助她的志愿者又因为担心做不好而退缩了，最后的解决方案是：我紧急顶了上来，熬了两个通宵，将几十张海报赶制了出来，并将部分模板发给了同事，由她在直播当天替换金句文字和数字使用。

既然选择了跨界成长，不如在能力的范围上也让自己来一次跨界，不要只增长自己的专业能力，更要将自己的运营能力提升上去。

退一万步来讲，哪怕有一天你真的不知道自己要做什么方向，一旦你懂得运营，你就可以靠运营任何其他人的产品获得丰厚的收入。我亲眼见到许多宝妈一边带孩子一边代理一些品牌的产品，她们仅仅是每天在微信社群里和朋友圈发布一些产品信息，就可以每个月获得几千元至上万元的佣金收入，且不需要囤货、不需要发货、不需要负责售后，只需要做好社群的运营、朋友圈的美感、保持与客户的深度连接就可以了。

如此看来，运营是不是一件非常重要的事？有了产品体系之后，还需要依靠运营体系，才能催动变现体系的运转。而视觉体系、发声体系、背书体系、粉丝体系，也需要依靠运营体系来联动起来，这样才能实现个人品牌整体的螺旋式成长。运营体系就像是摩天轮的动力中心和操控台，推动或者制动着摩天轮的运转（图6-3）。

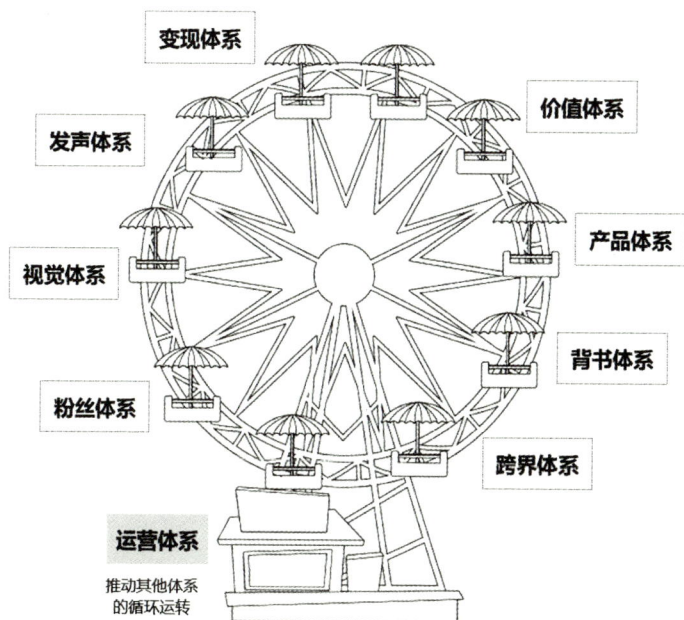

图 6-3　摩天轮模型

体系 9：跨界体系

你可能会问："我把前面这些体系准备好就可以了吗？视觉体系我也做了，发声体系我也做了，产品我也设计好了，粉丝运营我也学会了，可为什么我还是好像在什么地方卡住了，还是发展不起来呢？"

这是因为，一个优秀到闪闪发光且身怀绝技的你，需要站在舞台上，在聚光灯下，在众多观众的视野范围内，才能被真正地看见。

CCTV-4 的《文明之旅》栏目中有一期探讨了佛教中的因果关系——"种善因，结善果"。有人把因果当作迷信，事实上，从物质世界中来看，我们为了达成某种结果（或者现象），会去探索能够导致这个结果的原因，然后会去做某些事，来促成这个结果。这就像要得到苹果，我们就要种下苹果的种子，要得到橘子就要种下橘子的种子，如果种苹果的种子，是结不出橘子的。

可是，有了种子就一定会结果吗？

那不一定。苹果的种子，一定要放在泥土里面，在水分、阳光、肥料等等的共同作用下，才会发芽，长成苹果树，结出苹果。因此，"因"只有在很多条件的共同作用下才能结成"果"。而这些条件的集合，在佛教中被称为"缘"（图6-4）。

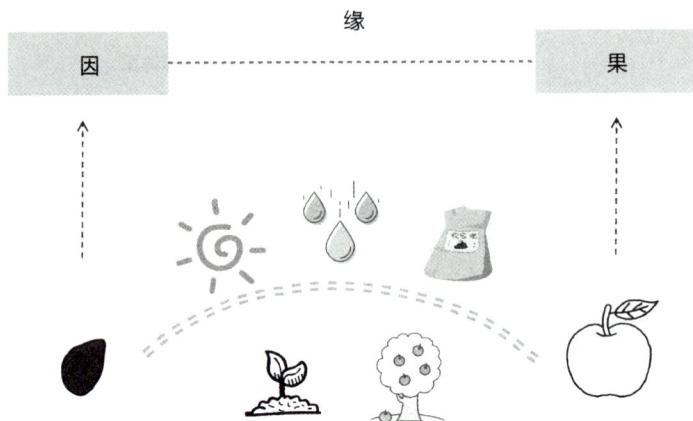

图 6-4　佛教中的缘

因此，佛教中的种善因与结善果之间还有一个非常重要的介质，叫作"广结善缘"。

在我们的个人品牌发展中，也是如此。因此除了前面的 9 个体系之外，你一定要开始储备你的以下几种"善缘"。它们与财富管理中的定投一样，越早开始越好，越累积，到后期的威力越巨大。

1. 跨界资源库

曾经在企业工作时，我发现市场部同事在洽谈合作时总是很头疼一件事——如何联系到对方。于是，2016 年起，我开始组织跨界品牌联合会，并邀请我所管辖区域内的几个省市的市场负责人也在当地发起这种活动。后来，他们不仅在当地建立了自己的威望，洽谈合作也从主动去找别人变成了别人上门找自己。

这就是跨界资源库的威力。你可以考虑筹备你的跨界资源库，比如可以像我一样组织一个圈层，或者图懒省事的话，可以选择成为圈层中的一员。总之，你要在这个跨界资源体系的网络内，成为其中的一个结点。再不然，就自己记录一套名单，能够让你在需要的时候立刻找得到对应的人。

我曾经建立过媒体资源库、场地资源库、品牌资源库、出版相关资源库、讲师资源库、合作方资源库、榜样资源库等等。

当然，未必是叫这个名字，你可以在微信中对它们做一个特殊的标记，例如，我的榜样资源库的标签就叫作"我喜欢的人"。

这是一件很简单的事情，你要把它变成一种习惯，慢慢地一点一点累加就会看到效果。

2. 圈层人脉

曾经我非常好奇，为什么一个人靠自己直播，一场活动就可以做到 GMV（Gross Merchandise Volume，商品交易总额）几十万元的好成绩？真的是一个人完成的吗？怎么完成的？

后来，我和两个圈内好友"煲电话粥"详聊时，才了解到其中的奥秘。这些信息是对外公告中不会发布的。公众看到的是成绩和他们想让你看到的东西，而"奥秘"才是促成这个结果的阳光、雨露、肥料，也就是"缘"。

因此，你一定要拥有一定量的圈层人脉，这样你就可以得到下面这些。

(1) 第一时间获得一手行业动态和信息，迅速制定策略。

(2) 获悉事情的真相，聚焦核心，事半功倍。

(3) 在你需要帮助的重要时刻，他们会为你赋能。例如，在你发布新产品的时候，为你宣传、为你背书、为你推荐。

后面我会告诉你如何获得这些圈层人脉。

3. 同行（xíng）伙伴

当你在一个新领域前行时，请务必结识三两好友，互相陪伴着一起向前。在进入一个新领域的时候，难免会感觉孤单无助，遇到挫折就会想要放弃或者感到迷茫。若有一个伙伴在旁边互相鼓励、互相监督、互相分享经验、给予最真心的建议，心中就会觉得温暖、有力量。

你要寻找这样的同行伙伴。

(1) 目标坚定，有毅力和行动力

你们能够一起坚定地向前走。三天打鱼两天晒网的朋友不仅不会为你带来能量，反倒有可能影响你的信心。

(2) 懂得感恩，乐于分享

你们要能够互相帮助，且都愿意成为主动分享的那个人。也就是说，哪怕对方没有问，你也会主动分享给对方一些知识、经验、机会。我有一个闺蜜，在得到了一本好书、一个新的启发，或者参加了一场好的活动后，我都会第一时间分享给她，真心愿意和她一起变得越来越好。但是，如果对方时常接受你的帮助，却想不起来主动为你提供帮助，那这样的善意和能量就无法流转。

(3) 有自己的见识

你们要能够一起探讨经验和看法，有自己独立的思想。这样的探讨和交流才会有意义和价值，才能帮助你们双方共同成长。假如对方是"都可以"专业户，也许能够为你提供很强的心理安慰，却无法为你提供建设性的意见。

(4) 愿意花时间，愿意倾听

既然是同行伙伴，就会需要时间在一起，如果他特别忙碌，难得约上一次，或者他擅长倾诉却不擅长倾听，那么你们就无法共同进步。

(5) 互相欣赏，价值观吻合

你要找到和你同频的伙伴，选择那些聊起来比较愉快、顺畅的人。其中一个判断标准就是，聊起来轻松不费脑、愉快不紧张，有一些"啊哈时刻"，互相欣赏。

除此之外，你也可以有自己的一些标准，总之，一个核心逻辑就是：你们在一起，是 1+1>2，你更有动力，感受更好，进步更快。

4. 跨界导师

我有一次和朋友们见了一位大师，这位大师说了一句话，我记忆犹新。

"如果你在不同领域都有一位朋友，那就相当于你在这些领域都有了一双慧眼。"

因此，你要试着有意识地为自己积累两种跨界导师。

(1) 你所在行业的导师

正如第 5 章所提到的人生导师一样，当跨界到一个新的领域后，有一位领路人指引，你会如同插上了一双翅膀，少走很多的弯路。你可以选择一位价值观相同且有能力的行业导师带你前行。

在本书的前半部分，我多次提到过我人生路上的导师，我太清楚有导师带领是多么幸运的一件事了，也由此在心底埋下了一个小愿望，希望将这份幸运传递下去，让善意转动起来。

于是，在职场以及创业中的许多年里，我一直在坚持为他人赋能。

- 我深知金钱卡点对一个人的影响有多么巨大，就帮助我的学员破除卡点。有一个学员，在咨询后的第 4 天，就获得了 3 万元的收入。
- 我在启动直播时遇到了许多贵人，所以就梳理了全套直播手册，帮助一位学员通过 3 天直播收入了 30 万元。
- 我在出版第一本书的时候遇到了贵人，于是就积极帮助渴望出书的朋友实现出书梦想。

我始终相信，我们需要行业内的领路人，而我们也可以成为这样的领路人。让善意转动起来，世界就能充满"罗圈爱"。

(2) 其他行业的导师

如果你读到了这里，相信你一定感受到了一件事：在这个时代中，如果你只会一个技能，就很容易"好饭闷锅里"，T 型、Π 型的发展策略才会让你如鱼得水。可是，我们的时间和精力有限，人生路径又不可能走得山路十八弯，什么都去经历一遍。这个时候，跨领域的导师就是你的灵丹妙药，在你需要时为你赋能，提供必要的信息和机遇。

想想看，如果你的身后有一排各个领域拔尖的导师为你赋能，你会是什么感觉？

讲到这里，我想到了另一件事：

为什么我们一定要"去"连接更多的人，而不是让更多的人主动"来"连接我们呢？

这就是在上面 4 种善缘之外，我想分享给你的一个心法：让自己成为别人的"善缘"，这相当于你在种下更多善意的种子。

除了这份初心，在个人品牌发展中，该如何才能让别人主动来连接我们呢？答案是：作为这个结点的你，重要程度越高，别人越想要主动来连接你。

我们所处的社交关系，其实就像是一张网。其中有结点，有连接。我们每个人就是这个结点，而人与人之间的关系，就是连接（图 6-5）。

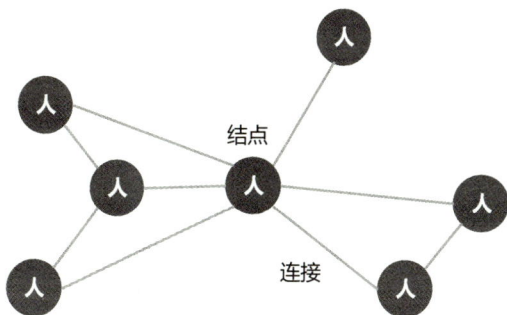

图 6-5　人与人之间的连接

这里涉及 3 个关于中心度的概念：度中心度、中介中心度和特征向量中心度。

1. 度中心度

作为网络当中的一个结点，越多的人认识你，你就越重要。

我记得在一期线下课中，有一个学员邀请了很多朋友来上课，她一进门，就有很多人给她打招呼和拥抱，"哇，你来啦！""哇！好久不见啊！"。此时，在场的很多人向她投去好奇又敬佩的目光，后来推举组长，她直接高票获选。你发现了吗？她就是这个班级中的一个重要结点。

2. 中介中心度

作为网络当中的一个结点，越多的人依赖你，你就越重要。

曾经有一期训练营，有一个学员特别擅长做复盘笔记，把老师讲的每次课程的内容整理得清晰明了，就连直播的回放链接、课程资料都整理了出来，而且每次都大方地分享，还对大家说，他很乐意无偿赠送，于是很多同学主动联系了他，每每落课就找他要资料。你看，他就是这个训练营中很重要的一个结点。

3. 特征向量中心度

作为网络当中的一个结点，与你相互连接的结点越重要，你也就越重要。

曾经有一位嘉宾老师在某个社群分享结束后的当晚，有近百人主动连接她。为什么呢？除了她讲得真的很好之外，还有一点：在她分享的故事中，包含了她与许多位明星的合作故事。无独有偶，我认识的摄影师和化妆师不少，其中有两位在我们本地非常出名，当然他们的收费也很高。因为他们都曾是与众多明星、企业家合作过的人。这些牛人的背书，使得他们在当地脱颖而出。

与你连接的牛人越多，你就显得越有价值。当然，这种连接不包括加个微信或者合个影之类的虚假连接。

现在你知道了，在一个社交群体中，越多的人认识你、越多的人依赖你（你的价值越大）、连接你的人越高能，你的重要度就越高。而重要度是同频、真诚之外，能够吸引他人主动连接你的又一个非常重要的因素。

第 3 节　真相 3：千万警惕！个人品牌的 5 大陷阱

个人品牌的 5 大陷阱如图 6-6 所示。

| 导师陷阱 | 变现陷阱 | 定位陷阱 | 行动陷阱 | 焦虑陷阱 |

图 6-6　个人品牌的 5 大陷阱

陷阱 1：导师陷阱

前不久，我在朋友圈看到一条信息：朋友说让大家猜猜，自己花了 20 万元的学费学新媒体后，变现了多少。没想到，答案竟然是：99 元。

在我接待过的来访者中，也不乏动辄花费几千上万元，却没有赚回学费的情况。这种情况在心理咨询、家庭教育领域尤其多。在一次心理咨询师的内部分享会中，分享嘉宾现场调研了咨询师的学习投资金额和收入情况。结果，花费万元以上的有 60%，超过 10 万元的有 25%，还有一些人花费远超 30 万元。而提及收入回报，挣回学费的人数不足 20%。

在这两件事中有导师的选择问题，也有自己的学费投资配置问题。

我们先说学费投资的配置问题，这是选导师之前自己一定要想明白的问题，也是极容易忽视的问题。

学费的投资类型可以分为 4 种：课程型、圈子型、私教型、资源型。

- **课程型**：主要是以系统地学习知识为主，一般有录播课、训练营、直播课、工作坊、线上课、线下课等形式。
- **圈子型**：主要是以扩展人脉、结识具有某种共同特质或追求的人脉为主，一般有年度会员、某某研习社、某某帮、某某俱乐部、某某会等形式。
- **私教型**：主要以一对一的长期深度指导、陪伴成长为主，一般有月度私教、年度私教、私董等形式。
- **资源型**：主要以赋能资源为主，通常会以上面提到的圈子型或私教型的形式存在。例如，有些写作私教的核心竞争力就在于出版和发稿资源的对接；有些出版圈子、跨界资源圈、企业家圈子的核心也在于资源对接。资源型与前面所提到的圈子型的最大区别在于目的不同：圈子型有可能只是一群具有共同兴趣爱好和成长目标的人群在一起共同学习成长，资源对接不作为目的；而资源型则主要目的就是资源对接、跨界联合。

　　大部分人在开始关注个人成长时，最先投资学费的往往是课程型、圈子型，尤其是价格相对较低的课程和成长型社群，随后才开始接触更高价格的课程、私教。当有了明确的目标后才会转向资源型。

　　然而学费的配比，正是许多人忽视的第二个重要因素。

　　就像前面提到的咨询师，他们把大量的学费和时间投资给了专业技能的提升，而鲜少投资给运营或个人品牌相关的技能。因此，才会出现变现受阻，挣回学费的人数不足 20% 的情况。

　　我接待过不少"苦恼自己学了不少但成长不大"的来访者，他们中有不少人学习了各种各样的课程。他们有一个共同点，就是从学费投资比例来看，课程占 80% 以上，甚至高达 100%。所以，他们苦恼说"自己没有私域流量，不知道自己该怎么定位，没有自己的产品，也不知道该怎么做"，脑袋里一大堆的问号。

这些问题，不是仅靠课程就能解决的，尤其是录播课，它很难针对性地解决自己的个性化问题。那么谁能解决？包含老师亲自指导的主题训练营能解决单点问题，私教咨询能解决系统的问题。

那么，该如何选择呢？

- 如果你的私域流量很少，那么你的必选项是：圈子型。
- 如果你的基础知识很少，那么你的必选项是：课程型（尤其是体系化的课程）。
- 如果你想有专业导师指导且快速发展，那么你的必选项是：私教型。
- 如果你有明确的目标，只缺某类资源，那么你的必选项是：资源型或圈子型。

你要根据目前自己所处的阶段和自己的个人能力、经济能力来选择如何配置。建议采用组合式，且不同阶段要更换学习类型。对于新手，建议采用课程型＋圈子型；对于有一定基础的人，建议采用私教型＋圈子型（或资源型）。

明确了现阶段的学费投资类型，下一步就该考虑跟谁学了。我曾经在跟某个老师学习心理学之前，硬是在他的直播间和社群待了近 1 个月，确定了这是我要追随的老师后，才正式投资学费。我学习生涯发展规划之前，也是将市面上的相关机构调研一遍，从初步确定的 3 家中最终选定了 1 家。

对于几千元以上的大额学费投资，建议大家提前了解清楚。即便是朋友善意推荐的内容，也要自己亲自思考并判断是否适合当下的你，再做决定。唯有这样，才能真正少花冤枉钱。

如何避坑呢？

建议你至少做到这 3 看：

看老师、看学员、看公开课和直播。

1. 看老师

主要是看老师的"硬件"：个人经历、故事、背景、资质，看看是否有相关的证书，是否被官方媒体报道过，是否有出版物等，主要去判断他的专业程度和实战水平。

还要看老师的"软件"：看他的朋友圈、视频、言谈举止、价值观、发心、给你的感觉。主要判断他是否擅长教人（避免"茶壶煮饺子"型），是否真心愿意助人（即是否极致利他，要避免"割韭菜"型），是否让你舒服自在（避免 PUA 型）。

2. 看学员

你可以尝试去了解老学员的学习感受，了解老师的口碑。如果有可能的话，找几个老学员聊聊。从交流中了解到真实的交付程度。

3. 看公开课和直播

通过公开课和直播，近距离感受老师的磁场、价值观、知识体系的积累程度，尝试积极地提问，亲身体验老师是否会为你赋能，听听看他的解答是否专业，是否能解决问题，是否有吸引你的观点，老师的思想是否够通透，是否表里如一。

老师再出色，如果他无法为你赋能，又与你有何相干？

这就像选择伴侣时，一位资产过亿却只能为你花百万元的人，和一位资产千万却愿意都给你的人，你选前者还是后者呢？

最重要的是，在这个过程中，你可以提前感受到老师给你的感觉是舒服的，还是焦虑和恐慌的呢？

为什么我如此强调感觉？因为营销心理学中有一个成交步骤：

先制造焦虑、放大焦虑，然后推出产品解决焦虑。

想想看自己是否有被套路，花费学费的目的是解决原有的困扰和焦虑，如果反而徒增不舒服的感觉，这个费用花得岂不是太冤枉了？

陷阱 2：变现陷阱

前面提到过有人在一开始做个人品牌的时候，做了一款 49 元 / 年的年度社群服务，招募了 100 多人，收入 6000 元左右。

于是，他就在他导师的学员群内报喜，一个月变现增加 6000 元。

然后呢？两个月后，他开始苦恼下一步该如何变现。

正如真相 2 中所说，个人品牌是一个体系，变现也是其中的一环。不能割裂开单看一个产品带来的变现，而要看这个产品的角色位置究竟是什么。

还要注意一件事：现在大家手中的社群越来越多，对 49 元 / 年的社群的重视度，绝对敌不过自己花费几千元的社群的重视度。自然而然地，互动率就会下降，社群氛围就会下降。如果你建立这个社群的目的是引流，那就需要提前设计好升级产品；如果目的是轻连接，那就要考虑这份连接的价值在哪里；如果你并不是把它作为你的主业的补充，还要考虑是否需要增加别的变现方式来保证你的收入。

因此，变现这部分，一定要注意：

(1) 不要为了变现急于设计一个长时间的服务产品；

（2）对于年度服务型产品，要考虑好该产品的角色，且定价不建议过低；

（3）要打破自己内心的金钱卡点，不要不好意思收费，你的价格要与你的价值相匹配才能更让人信任；

（4）变现的核心是价值交换，客户要的不是你的技能，而是你能为他提供的价值是什么，这个价值又能为他实现什么；

（5）变现模式是一个体系，要结合产品体系来综合设计。

陷阱 3：定位陷阱

许多人在转型期，上来就会要求定位，甚至有的朋友要求的更细致："老师，你说我的标签叫什么好？"

方向有了，才好有定位，定位有了才好有标签。那么，你的方向来自什么？来自本书前面几章重点提到的"接下来，你想如何活"，以及你的核心价值究竟是什么。

因此，定位这件事，不是一听到你的过往经历、你的兴趣、你的能力，就能立刻拍板确定的。定位不是一个单一问题，而是一个系统问题，从你的人生系统出发，从你的核心价值出发，定位只是整个网图中的一个点而已。

在我的来访者中，因为定位偏差而回过头来重新梳理一遍的不在少数。他们中，

- 有的人是找不到自己的价值，看不到自己身上的宝藏，对自己没信心；
- 有的人的定位范围太小，后续发展空间太小，变现力受阻；

- 有的人的定位仅仅是追风口，一旦风口过了，很容易应变不足；
- 有的人的定位仅仅只关注到事业未关注到生活，日后两者间易有矛盾；
- 有的人的定位过于随心，脱离了市场环境和用户的真实需求；
- 有的人为了寻找定位，停住了脚步。

如果你正在寻找你的方向和定位，建议你尝试找寻你的高价值定位、梳理你的核心价值服务，并一步步建立起你的价值体系，这 3 件事，我把它统称为"价值树"（由于篇幅有限，在此不做展开）。你的价值是你的立身之本，就像植物一样，要想生长的好，根系一定要扎得足够稳。

陷阱 4：行动陷阱

成果是做出来的，不是学出来的。这就是"懂得了很多道理却依旧过不好此生"的原因之一。

在成长型社群中，我见到最令人惋惜的一件事是：花费了高价来学习，结果却默默地潜水。课程没听、同学之间不交流、有疑问不提问、有机会不抓……

如此下去，学费真的就变成了消费，而且是无回报的消费。

因此，行动陷阱中，最多的一种情形就是"没有行动"。与此相对应的是"盲目跟着做"，没有独立的思考，完全听话照做。

真正的方式是：先听话照做，记住是保持觉察地听话照做，目的是先学会，且一边实操一边判断是否适合自己，需要如何改良；然后，再决定是否要用这样的方法。

举个例子，在朋友圈文案和朋友圈美学盛行的时期，我特意听过3个老师的课。为什么不是只听一个老师的呢？因为我想要获取更全面的知识，并且我想要了解这个技能的核心真相，只有这样，我才能把真正内核的东西传播给我的学员。

我的做法是，先听话照做，老师让一天发10条朋友圈，我就发10条朋友圈，老师让用什么模板作图我就用什么模板，还会特意创新一下，发给老师和同学提意见。一边学习，一边实践，我立刻整理了一套关于朋友圈文案和朋友圈美学的行动指南。

除此之外，我还做了一件事，就是分别请教了3类人群：认识我许久的老朋友，知识圈好友、刚添加我微信的新朋友。我请他们告诉我观看我如今的朋友圈后的感觉。

我吓了一跳！相比如今一看就是专业打造的朋友圈，他们更喜欢曾经更有人情味的内容，他们说曾经的朋友圈"更温暖、更美好、更想靠近"。如果能看到我现在的朋友圈，你会发现，那段时期一过，我就再没有用那样的模式发过朋友圈，而是完全自己定制内容，"随心所欲"起来。

真正的学会，一定不是"套用"，而是可以选择用或不用，以及如何用。

除了"没有行动""盲目跟着做"之外，还有一种行动陷阱，就是"什么都做"。听到自己什么不会就赶紧去学，听到有什么新的模式就赶紧去尝试，看到有社群就加入，生怕自己错过什么好机会，然而这样的结果，却是换来更多的焦虑。

要避免这些行动陷阱，我建议：

(1)学完立刻实践，不会就问；

（2）关于学会后是否要使用、何时使用、如何使用，要根据你的实际情况和现阶段的目标来定，不要做"盲从者"；

（3）根据你的阶段性目标来学习和安排行动计划，不可贪多；

（4）你若行动力不足、时常拖延，那么除了思考拖延背后的心理因素，还要学会一边行动一边完善，先完成再完美。

陷阱 5：焦虑陷阱

能力达不到欲望的要求，就容易陷入焦虑。越爱学习的人，越容易跌入焦虑陷阱。你可能会遇见的 4 种类型是：人际焦虑、数据焦虑、未来焦虑、信息焦虑。

人际焦虑：加入一个圈子后，一下子看到大量优秀的人，尤其是他们中很多人比自己出色很多，你会觉得自愧不如，又羡慕又酸涩，不敢发声。

数据焦虑：你会时常看到别人的成绩，并下意识地和自己对比。防不胜防的是，你时常看到的是许多人的优秀成绩，这就是在不知不觉地拿一个自己同许多个优秀的他人做对比。这种不经意间的、高频率的刺激，会让你不由自主地陷入数据焦虑。一旦你开始陷入对数据的追逐，就很有可能忘记初心。例如在做直播时，你会十分在意场观、GMV、粉丝数量等数据，一旦数据不够好，就会失落、失去动力、自我怀疑。

未来焦虑：刚开始踏入新领域时，你会担忧自己是否能够做好；做到一个阶段后，会担忧自己现在的成绩能持续多久。总之，会因未来的不确定性而充满担忧。

信息焦虑：为了进步，你会关注大量信息。然而，信息一旦太多，就会导致你无法静心。手机里上百个群，很多群每天都是几百条信息，你会非常烦心，很想远离手机。

事实上，如果加入的圈子成员都非常优秀，你应当高兴：近朱者赤，近距离观摩优秀人士的思想和行动，你会获得非常多的启发。对于数据、未来、信息的焦虑，其实都是正常现象，应对的方法，就是想明白自己究竟要的是什么，提升内在的稳定性，给自己足够的时间、足够的允许，接纳自己现在的节奏，聚焦你的核心目标，不贪多，不慌张，努力提升自己的价值。

我要提醒一件事：进入一个圈子和融入这个圈子是两码事。圈子很重要，但同时你的价值和价值观也很重要。与谁交往，为谁赋能，都需要心中有数才好，无须攀附，最好的方式是努力提升自身价值和个人魅力，如此，定然具有吸引力。

尾声

如果你看到了这里，请允许我隔空给你一个大大的拥抱。祝贺你在跨界成长的路上又向前迈了一步。

在写作本书的过程中，我的咨询并没有停止，90后、80后、70后、60后……每一位来访者的困扰都触动着我，让我陷入更深的思考。

我深知，虽然这本书里提供了一些底层心法和实操工具、路径，但这些内容也很有可能无法解决你眼下遇到的全部问题。写这本书的目的，是希望为你打开一扇新的大门，让你看到人生中更多的可能性，挣脱捆绑着你的所有束缚。

前段时间，我的一个朋友满老师向我分享了一个好消息，她说早晨一觉醒来，手机收到一条短信通知，银行卡收到了3万元的打款。

我问她是怎么回事？她说："就是上次跟你提到的那个想让我长期帮他忙的朋友，我一直不好意思收钱，也不好意思拒绝。你说的话我回去认真想了想，我得看到自己的价值，所以我把他的需求整理了一下，列了一些具体的服务项，还报了价。没想到，他很爽快地答应了。"

年前的时候，她又做了一期线上分享活动，整场氛围都令人感到很受滋养，如沐春风，而她也已经可以大大方方地推荐自己的新课程。当晚，她就获得了近10万元收入。

　　还有一个做了十多年家庭教育的朋友，这两年线下发展受阻后，她转到了线上。2022 年生日当天，她做了 1 次为期 3 天的生日直播，免费分享了非常多的亲子教育相关的干货，许多妈妈都说要找她学习，3 天结束后，她算了一下，一共收到了 30 多万元学费。

　　"佳韵佳韵，我要跟你说两个好消息。"有一天半夜 11 点，我收到朋友莉莉的微信。

　　"遇到什么好事儿了？"

　　"今天我们公司大领导突然对我说，听说你昨天讲课好评如潮。哈哈哈。我昨天去给一家公司上课，那家公司的老板在我分享快结束时进来听了大概 20 分钟，我下来后，他握着我的手说，你上课时，人都不一样了，在发光。

　　"还有啊，刚好上周末我去参加一场沙龙，大家都说我浑身散发着光，尤其是最后合影的时候，他们说，照片里那么多人，最先看到的就是我。我自己都没想到，这一年下来我变化这么大，下一年我还要和你在一起。"

　　你看，破除金钱卡点也好，探索新方式也好，能量提升也好，他们都在摆脱束缚，创造新的可能。

　　这些都是真实发生的故事，在我的"发光计划"中，这样的学员不在少数，我们亦师亦友、真诚相待，互相陪伴和见证彼此的成长，就像一家人。

　　如果你在前行的路上，也遇到了烦恼，不妨放心告诉我，我们一起寻找解决方法。

　　我把你有可能遇见的困扰整理了出来：

- 为什么我想做的事总是实现不了？
- 为什么我想行动，但就是动不了？

- 为什么我什么都不想做？
- 为什么我比别人努力却还比别人跑得慢？
- 为什么焦虑总是挥之不去？
- 如何才能做到人生的平衡呢？

扫描以下二维码，关注公众号，回复"困扰"，就可以提取我用心写给你的留言，希望能解答你的疑虑。

你也可以参考后记中的行动清单，让自己更进一步。我相信只要真的按照书中的方法去实践，你一定会遇见更多的可能。期待你的好消息。

后记　步履不停，行动清单：随着《跨界成长》继续前行

嗨，恭喜你，你已经掌握了《跨界成长》的核心秘密和要领。

这条路很特别，它会成为你生命线中的一个重要时刻。但是，仅仅把这些内容装进脑袋是不够的。我们的人生究竟是怎样的？这个问题的答案是我们一步步在生命地图上走出来的，就好像那条生命线记录图的曲线上，有一个通过亿万倍的放大镜才能看得到的小小的人，正在努力向前描画自己的未来时刻。

为此，我将再为你提供一些选择，不为别的，只为能真正帮助你获得舒适自在的后半生。我们一起揭开梦想的神秘面纱，让梦想的光照进现实，成为你脚下的路，刻在你的生命曲线上。

1. 去买下这本书的姊妹篇《跨界力》

它将帮助你在新的事业阶段具有更开阔的视野和好运气，让你和产品更受欢迎。

这本书获得了中国 66 位知名品牌的高层管理者的联合推荐，从实操的层面解答了赋能型的问题：如何让自己在需要帮助时总能得到贵人相助？如何零成本带来事业的持续增长和创新？如何营造个人和品牌的非凡吸引力？

书中列举了大量的案例，能为你带来更高维的启发。全书贯穿一

个核心思想（给的能力）、一个核心模型（跨界认知塔）、一套实操方法（四种跨界类型、跨界四步骤和五大秘密技巧）。

读了这本书，你会意料之外地收获到：作者是如何做到不花一分钱就连续做了 4 届 500 人体验感爆棚的论坛的？作者是如何在刚入职场时就做到，一个人的业绩就超过团队其他人业绩之和的？作者是如何在每个岗位都能做出突破性的创新的？作者为什么总是有那么多人倾力相助？

这本书特别适合职场人、自由职业者、创业者、渴望提升自身人脉和好运气的人、渴望提升视野和解决问题能力的人。

2. 加入《跨界成长》书友会

你可以加入加全国各地的书友会，一起交流学习，一起组织沙龙，定期聚会。你也可以在我们的公众号"跨界力"中申请成为当地的书友会会长，带领大家共同成长，深度连接，想怎么组织都可以，都会让生命更有意义。

3. 参加《跨界成长》的公益讲座

我们会在全国范围内提供《跨界成长》的公益讲座，你可以登录"跨界力"公众号，查询讲座的具体举办城市和日期，或者收听线上回放。如果你愿意，欢迎主动联系我们，组织和承办在你们当地的公益讲座，一起做一件让生命有意义的事，种善因结善果，赋能更多人。

4. 参加一次《跨界成长》的工作坊

我们会在全国范围内组织跨界成长的工作坊，你将有机会获得我的亲自指导和赋能，与跨界成长顾问一起探讨你的未来发展。这是一次很好的机会，你可以更详细地提出你的个人困扰，获得直接有效的落地方案。这比看书和听课更有效、更直接。

5. 成为《跨界成长》的咨询顾问

如果你是一名生涯规划师、心理咨询师、商业顾问、个人品牌导师，或者你虽然现在还不具备以上专业能力，但你非常喜欢帮助人成长，我真心鼓励你向他人传授跨界成长的知识和技巧。

你可以在沙龙中向大家传播你的获益和启发，可以和朋友一边喝下午茶一边聊未来发展，可以组织一个线上社群公开分享……无论以什么形式，你都是在传播爱，传播你的善因。你知道吗？许多人就是这样开始了自己的第二段生命之旅的。你今天种的善因，会如同飞翔的蒲公英落地生根，也许在未来的某一天会让你得到意想不到的机遇，踏上一段新的人生旅程。

如果愿意，你可以力争"跨界成长"咨询顾问的资质。你需要完成配套的专业课程学习，通过我们的审核之后，你就可以传授相关的课程，或者提供私教服务，成为更多人生命中的摆渡人。

附录　我的人生哲学

1. 人生没有标准答案，你的人生遥控器永远在你自己手中。

2. 吃水不忘挖井人，更不要忘了递铁锹的人。

3. 要拥有给的能力，懂得如何给，懂得对方需要什么。

4. 要让自己拥有选择权，你才能活得自在。

5. 掌握跨界的能力，为自己增加更多可能，这是解开困境的钥匙。

6. 最有效的成长方式，是找到你的人生导师（幸运的话，每个阶段都要有）。

7. 梦想，就是现实化了妆的模样，敢想，梦想才会实现。

8. 每个人的后半生都可以脱胎换骨、重新来过，成为一个前半生想象不到的人。

9. 人生没有白走的路，老天为我们准备了很多件礼物，只是有些包裹着痛苦的外衣。撕开它，你会发现这段生命的曲折，恰恰是在"厚积"，接下来就是你的"薄发"时刻。

10. 没有一件超出本职的事情，是无用的。

11. 一定要从内心感觉到对得起对方的支持，这样的合作才是正向的、无愧于心的。

12. 人们会忘记你说过什么，忘记你做过什么，但不会忘记你带给他们的感觉。

13. 和同阶的人合作、向高位的人谦虚学习、向暂处低位的人伸出手，拉他一把。

14. A 路不行，走 B 路，B 路不行，找 C 路，如果实在没路了，再去调整目标。在没有尝试之前，不轻易为自己找借口放弃。

15. 真正造成苦恼的，不是事情本身，而是思维。

16. 当你在公司里很舒服的时候，花 1 分钟想一想：当你没有了背后的公司的头衔，没有了公司的资源，你是谁？

17. 你根本不知道今天你所遇到的这个人，在未来的某一天，会对你产生多么巨大的影响。

18. 留下良好的第一印象的秘诀，就是关注对方的需求。

19. 感觉自己不如别人时，别担心，每一种花的花期都不一样，绽放的时期也不同。

20. 学会在自己的心里种种子，等它发芽，待它结果。

21. 接纳真实的你，包括你内心的小恶魔，你的不完美。

22. 当你觉得自己什么都不行的时候，想象一下我正在对你说这句话："每个人都有自己的光，亲爱的，你也有。"

23. 我们永远不知道"句号"何时会来，活着的时候想想看，我们能让这一世的生命拥有怎样的剧本。

24. 一个人只有去做自己喜欢的事，才能发挥到极致。希望你面对从事的工作不是傻傻地坚持，而是热爱它像热爱自己的生命一样。

25. 度过低谷最好的方式，不是"逼迫自己"，而是"随心所欲"，看见自己真正的需要，照顾好自己"内心的小孩"。

26. 所有逆袭，都是有备而来。

参考文献

推荐书目

1. 周志建. 把自己爱回来：改写生命脚本的疗愈故事 [M]. 北京：五洲传播出版社，2018.

2. 亚历山大·奥斯特瓦德，伊夫·皮尼厄. 商业模式新生代 [M]. 王帅，毛心宇，严威，译. 北京：机械工业出版社，2011.

3. 多利·克拉克. 深潜：10 步重塑你的个人品牌 [M]. 孙莹莹，译. 北京：北京联合出版公司，2017.

4. 古典. 你的生命有什么可能 [M]. 长沙：湖南文艺出版社，2014.

5. 原田玲仁. 每天懂一点好玩心理学：给普通人看的心理学 [M]. 郭勇，译. 西安：陕西师范大学出版社，2009.

6. 列纳德·蒙洛迪诺. 弹性：在极速变化的世界中灵活思考 [M]. 张媚，张玥，译. 北京：中信出版集团，2019.

7. 银行螺丝钉. 定投十年财务自由 [M]. 北京：中信出版集团，2019.

8. Mentalist DaiGo. 花掉的钱都会自己流回来 [M]. 林巍翰，译. 台北：方言文化出版事业有限公司，2019.

9. 黄启团. 会赚钱的人想的不一样 [M]. 哈尔滨：北方文艺出版社，2020.

10. 芭芭拉·奥克利. 跨越式成长：思维转换重塑你的工作和生活 [M]. 汪幼枫，译. 北京：机械工业出版社，2020.

11. 埃里克·乔根森.纳瓦尔宝典：财富与幸福指南 [M].赵灿，译.北京：中信出版社，2022.

12. 樊登.低风险创业 [M].北京：人民邮电出版社，2019.

13. 朴璟淑.倦怠心理学：摆脱充满无力感的生活 [M].邢琳，译.北京：中国画报出版社，2014.

14. 克里斯多夫·柯特曼，哈洛·辛尼斯基，劳里·安·奥康娜.如何才能不焦虑 [M].李春花，译.北京：北京联合出版公司，2017.

15. 丹尼尔·利伯曼，迈克尔·E.朗.贪婪的多巴胺 [M].郑李垚，译.北京：中信出版集团，2021.

16. 约翰·史崔勒基.世界尽头的咖啡馆 [M].万洁，译.天津：天津人民出版社，2019.

17. 有田秀穗.减压脑科学 [M].陈梓萱，译.北京：国际文化出版公司，2021.

18. 键山秀三郎，龟井民治.扫除道 [M].陈晓丽，译.北京：企业管理出版社，2018.

19. 博多·舍费尔.小狗钱钱 [M].文燚，译.北京：中信出版集团，2021.

20. 本田健.让好运每天都发生 [M].赖郁婷，译.北京：华夏出版社，2019.

21. 黄帝内经 [M].王冰，注解.北京：中医古籍出版社，2003.

推荐电影

1. 《心灵奇旅》
2. 《二分之一的魔法》
3. 《生命之书》
4. 《解忧杂货店》
5. 《头脑特工队》